DUMONT
TASCHENBÜCHER

W0192794

Deutsche
Rosen-Ausstellung
Sangerhausen

Juni bis Oktober 1903

Kyffhäuser-Denkmal.

Moltke-Warte bei Sangerhausen.

Liebe Madagaskarreisende,

Madagaskar ist mehr denn je im Umbruch und im Aufbruch. Der Tourismus steckt erst in den Kinderschuhen, aber alles ändert sich in rasantem Tempo. Das gilt besonders für Hotels, Restaurants, Straßenverhältnisse und Bus- und Bahnverbindungen. Recherchen sind mühselig: Noch gibt es kein Fremdenverkehrsamt, in dem touristisch relevante Informationen gebündelt vorliegen wie in Ländern, die über langjährige Erfahrung im Tourismusgeschäft verfügen. Allein darüber, wie viele Nationalparks es im Moment gibt, könnten wir eine eigene Geschichte schreiben – so ganz genau weiß das in Madagaskar kaum jemand. Alle möglichen Zahlen sind in Umlauf, von 5 bis 13, und das bei Ministerien, ANGAP- und WWF-Mitarbeitern und bei den örtlichen Reisebüros. Manchmal können mit dem Tempo der Veränderungen sogar die Experten kaum mithalten.

Deshalb unsere Bitte: helfen Sie uns, dieses Buch in den nächsten Auflagen zu aktualisieren. Schreiben Sie uns Änderungen, Neuigkeiten, interessante Anekdoten oder einfach Ihre Eindrücke von Ihrer Reise. Es interessiert uns, wie Ihnen das Land Madagaskar gefallen hat.

Wir wünschen Ihnen viel Freude und einen erlebnisreichen Aufenthalt!

Susanne Roessler
Jean-Luc Serph-Dumagnou

Schreiben Sie an:
Iwanowski's Reisebuchverlag
Büchner Straße 11, D 41540 Dormagen. E-mail: iwanowski@afrika.de

EUROPA-ROSARIUM
SANGERHAUSEN

DIE GRÖSSTE ROSEN-
SAMMLUNG DER WELT

Ingomar Lang (Hrsg.) · Hella Brumme

Frontispiz: Plakat zur Eröffnung des Rosariums 1903, herausgegeben anläßlich des 90jährigen Jubiläums 1993

Die Deutsche Bibliothek – CIP-Einheitsaufnahme

Europa-Rosarium Sangerhausen: die größte Rosensammlung der Welt / Ingomar Lang (Hrsg.), Hella Brumme. – Köln: DuMont, 1996
   (DuMont-Taschenbücher; 310)
   ISBN 3–7701–3544–X
NE. Lang, Ingomar (Hrsg.); GT

Satz, Druck und buchbinderische Verarbeitung: Boss-Druck, Kleve

Printed in Germany   ISBN 3–7701–3544–X

Inhalt

Vorwort

Die Berg- und Rosenstadt Sangerhausen, am Südharz unweit des Kyffhäusers gelegen, hat seit über 90 Jahren etwas Unvergleichliches zu bieten: das Europa-Rosarium mit der bedeutendsten Rosensammmlung der Welt, ein Pilgerort für jährlich viele tausend Gartenliebhaber und Rosenfreunde.

Bereits im alten Rom verehrte man die Rose sehr und pflanzte sie in ein ›Rosaria‹. Im Gegensatz zu den vielerorts beliebten Rosengärten sind Rosarien heute lebende Museen, in denen sich die Entwicklung und Züchtung der Rose bis in unsere Zeit hinein in anschaulicher Weise verfolgen läßt. Die vor vielen tausend Jahren bereits existierenden Wildrosen kann man hier genauso finden wie die ersten Rosenzüchtungen von vor 200 Jahren, darunter zahlreiche Raritäten, die sonst nirgendwo auf der Welt mehr anzutreffen sind.

6500 Arten und Sorten werden heute in der Sangerhäuser Rosensammlung gehegt und gepflegt. Es ist eine einmalige Genbank der Rosen, eine Quelle der Erkenntnis für Wissenschaftler, Botaniker, Rosenzüchter und -liebhaber. Der interessierte Besucher erhält durch Informationstafeln, Führungen, Lehrveranstaltungen und Ausstellungen zahlreiche Hinweise und Anregungen zur Anpflanzung und Pflege von Rosen. Die Mehrzahl der Besucher kommt aber nach Sangerhausen, um sich an der Farbenvielfalt, dem Duft und den edlen Blütenformen der ›Königin der Blumen‹ zu erfreuen. Im Rahmen des kulturellen Angebotes ist das Berg- und Rosenfest ein alljährlicher Anziehungspunkt für den Besucher.

Über die Zeitläufte hinweg ist es der Stadt Sangerhausen und ihren erfahrenen Rosengärtnern gelungen, diesen über 12 ha großen und reizvoll angelegten Garten mit seiner einmaligen Rosensammlung, den seltenen Gehölzen, Stauden und

Sommerblumen als ein Kleinod zu erhalten. Nicht unerwähnt bleiben sollten auch die vielen nationalen und internationalen privaten Unterstützungen und Initiativen, ohne die in Deutschland kein Rosarium entstanden wäre und ohne die auch heute das Europa-Rosarium nicht weiter ausgebaut werden könnte.

In diesem Sinne sollte das vorliegende Taschenbuch gesehen werden. Es wird Sie durch die Geschichte des Europa-Rosariums führen, die auch ein Stück deutscher Rosengeschichte ist. Es wird Ihnen einen Einblick in die Welt der Rosen gewähren und Sie mit den vielfältigen Aufgaben eines Rosariums vertraut machen.

Sangerhausen, im Herbst 1995

Ingomar Lang
Direktor des Europa-Rosariums

Gründung und Entwicklung des Rosariums

Auf Anregung des Rosenzüchters Peter Lambert faßten die Rosenfreunde auf der Jahreshauptversammlung des Vereins Deutscher Rosenfreunde (VDR) 1898 in Gotha den Beschluß zur Anlage eines Vereins-Rosariums. Es sollten alte, vom Aussterben bedrohte und in Vergessenheit geratene Rosensorten gesammelt und erhalten werden.

Auf Betreiben von zwei aktiven Sangerhäuser Rosenfreunden, dem Kaufmann Albert Hoffmann und dem Gymnasialprofessor Ewald Gnau, stellten die Stadtväter und der Verschönerungsverein von Sangerhausen ein brachliegendes Gelände oberhalb des Stadtparkes zur Verfügung. Den ersten Entwurf erstellte der Gartenarchitekt Friedrich Doerr, Erfurt, im regelmäßigen Gartenstil. Hier wurden viele Edelrosenzüchtungen der damaligen Zeit aufgepflanzt. Doch bereits vor der Fertigstellung dieser Anlage war sie schon zu klein. Man wollte nun auch die vielen alten Strauchrosen, die um die Jahrhundertwende noch vorhanden waren, im Vereins-Rosarium aufnehmen. Der Rosenzüchter Peter Lambert, Trier, entwarf daher eine landschaftlich gehaltene Parkerweiterung, Richard Vogel, Rosenspezialist aus Frankfurt (Main), führte die praktischen Arbeiten aus.

1903 konnte das Rosarium dann auf einer Fläche von sechs Morgen zum Deutschen Rosenkongreß eröffnet werden. Mehr als 2000 Rosenarten und -sorten, von denen der Gründer Albert Hoffmann allein über 1100 stiftete, wurden im Eröffnungssommer bereits von 20 000 Besuchern bewundert. Aufgrund der großzügigen Stiftung einer nach Amerika ausgewanderten Sangerhäuser Bürgerin konnte das Gelände bis zum Ersten Weltkrieg mehrmals erweitert werden.

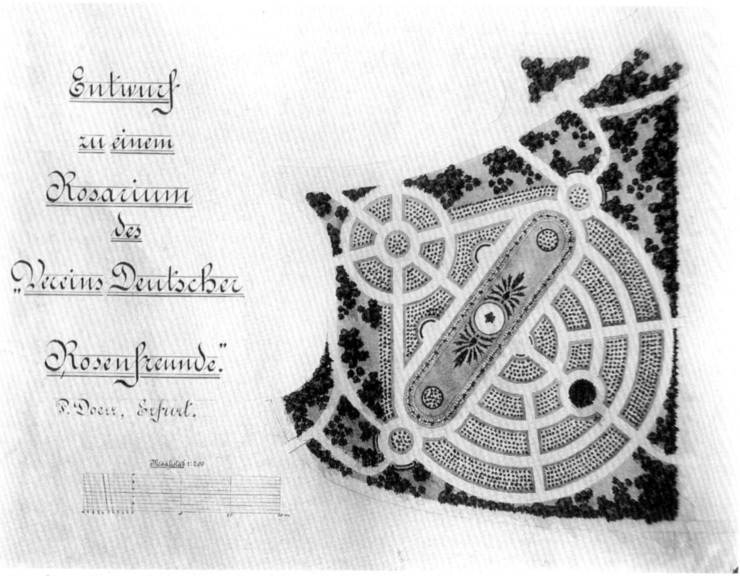

›Entwurf zu einem Rosarium des Vereins Deutscher Rosenfreunde‹, 1899,
von Friedrich Doerr, Erfurt

Obergärtner Richard Vogel (1867–1943)

Das Rosariums-
gelände um 1900
mit Blick auf die
Stadt Sanger-
hausen

11

Rosariumsanlage im Eröffnungsjahr 1903

Rosen-Zeitung.

Programm (Tageseinteilung)

für die

Kongress- und Ausstellungstage
zu Sangerhausen

——— 1903 ———

25. Juni. Abends: Zusammentreffen im Hotel Kaiserin Augusta (am Bahnhof).

26. Juni. Morgens 9 Uhr: **Eröffnung der Ausstellung.**

„ 11 „ **Kongress-Sitzung im Schützenhaus.**

Mittags 2 „ **Festmahl.**

„ 4 „ **Fortsetzung des Kongresses.**

„ 8 „ Konzert auf dem Ausstellungsplatz. Sangerhäuser Bierprobe.

27. Juni. 8—10 Uhr morgens: Besichtigung der Ausstellung. Frühstück im Hotel Kaiserin Augusta.

11 „ „ Abfahrt nach dem Kyffhäuser.

Abends: Konzert in der Ausstellung.

28. Juni. 7 Uhr früh: Abfahrt nach dem Brocken; auf dem Rückweg Spaziergang durch das obere Bodethal von Schiecke bis Elend. Rückfahrt über Nordhausen oder Wernigerode nach Belieben.

———

Im Hotel Kaiserin Augusta ist ein Auskunftsbureau eingerichtet.

Rosenzüchter und Aussteller bei der Eröffnung der Rosenausstellung und des Rosariums 1903; 1. Reihe: Peter Lambert (3. v. r.), Bürgermeister Knobloch (2. v. r.), Albert Hoffmann (1. v. r.)

◁ Auszug aus der ›Rosen-Zeitung‹ mit dem Programm zur Eröffnung des Rosariums anläßlich des Kongresses Deutscher Rosenfreunde

Ausstellungs-Restaurant 1903

Das Rosensortiment vergrößerte sich, Fachtagungen und Ausstellungen wurden abgehalten. In den Jahren nach 1909 gelangte die heute noch bedeutendste Wildrosensammlung des Botanikers Georg Dieck in Form von Reisern aus dem Rosarium L'Hay-les-Roses bei Paris nach Sangerhausen. Sie war zuvor auf der Weltausstellung in Paris zu sehen. In Deutschland brachte man damals dieser einmaligen Sammlung mit zahlreichen Wildrosenarten aus ganz Europa, Amerika und Asien keine Beachtung entgegen. Holsteinische Baumschulen übersandten zur Ausgestaltung des Parkes oft waggonweise Gehölze nach Sangerhausen, darunter viele seltene Bäume und Sträucher, die das Rosarium auch zu einem dendrologisch wertvollen Park mit über 350 verschiedenen Baum- und Straucharten werden ließen. Sie bilden heute eine interessante grüne Kulisse für die typischen Rosenpyramiden der einmalblühenden Kletterrosen.

Ewald Gnau ist es zu verdanken, daß das Rosarium über die Wirren des Ersten Weltkrieges und die Weltwirtschaftskrise hinweg erhalten blieb. Seine öffentliche Überzeugungsarbeit sicherte die so wichtige finanzielle Unterstützung. Nach seiner

Der Rosenzüchter Peter Lambert, Trier, und Ewald Gnau, Mitbegründer und Förderer des Rosariums

Die Rosenzucht ▷ erlebte Anfang des 20. Jahrhunderts einen großen Aufschwung, oft waren in den Katalogen der Rosisten über 2000 Sorten im Angebot

17

Das ›Heideröslein‹-Denkmal ›Sah ein Knab' ein Röslein steh'n‹

Pensionierung 1922 übernahm er die Leitung des Vereins Deutscher Rosenfreunde, des Rosariums und die Redaktion der damals sehr beliebten Rosen-Zeitung. Unter seiner Federführung wurden die erste amtliche Prüfstelle für Rosenneuheiten in Deutschland, eine umfangreiche Rosen-Bibliothek und eine Beratungsstelle für Garten- und Blumenfreunde eingerichtet. Gnau regte auch August Jäger zur Erarbeitung eines umfangreichen Rosenlexikons an. Gnaus romantischer Ader sind die ›Heideröslein‹-Anlage, das ›Alpinum‹ sowie die Aufstellung verschiedener Skulpturen und Gedenksteine zu verdanken.

1924 wurden Ewald Gnaus Verdienste um die Rose mit der Verleihung des Ehrenbürgerbriefes der Rosenstadt Sangerhausen geehrt. Als 1933 die Nationalsozialisten die Macht ergriffen, verweigerte Gnau die ›Gleichschaltung‹. Man verzichtete daraufhin auf seine weitere Mitarbeit.

Auf Anregung von Ewald Gnau wurde dem Rosarium 1935 eine ›Zentralstelle für Rosenforschung‹ angeschlossen und ein Institutsgebäude errichtet. Die Leitung der Rosenforschung und des Rosariums übernahm der Naturwissenschaftler Harald von Rathlef. In der kurzen Zeit seines Wirkens bis 1944 veröffentlichte er zahlreiche wissenschaftliche Abhandlungen, darunter seine bekanntesten Bücher ›Die Rose als Objekt der Züchtung‹ und ›Die schönsten Wild- und Parkrosen‹. In Zusammenarbeit mit dem Rosenzüchter Wilhelm Kordes gestaltete er in dieser Zeit die Rosenjahrbücher des Vereins Deutscher Rosenfreunde. Als einmalig sind auch von Rathlefs Biographien von Rosenzüchtern aus der ganzen Welt zu bezeichnen.

Während des Zweiten Weltkrieges konnte die Rosensammlung nur notdürftig von Rosariumsinspektor Max Vogel erhalten werden. Die begonnene Rosenforschung kam durch den Tod Harald von Rathlefs zum Erliegen. Nach Kriegsende wur-

Rosen-Neuheiten-Prüfung 1932, u. a. mit den Juroren Rödiger, Vogel, Tantau, Kordes, Gnau und Weinhausen

Die ehemalige ›Zentralstelle für Rosenforschung‹, das heutige Verwaltungs-
gebäude des Rosariums

den auf Anordnung der sowjetischen Militärverwaltung einige
tausend Rosen nachgezogen und als Reparationsleistung nach
Moskau und Kiew geschickt; fehlende Sorten mußten im Rosarium ausgegraben werden. In dieser Zeit ging auch die wertvolle
Bibliothek des VDR und des Rosariums mit über 3000 Exemplaren verloren.

Nach der Gründung der DDR durfte der Verein Deutscher
Rosenfreunde nicht mehr tätig sein. Der Wiederaufbau, die
Erhaltung und Erweiterung des Rosariums wurden nach 1945
bis heute aus dem Haushalt der Stadt Sangerhausen finanziert.
Diplomgärtner Hans Vonholdt und Gartenbauingenieur Paul
Täckelburg vervollständigten und erweiterten die Rosensammlung nach dem Zweiten Weltkrieg beträchtlich. Schon bald
konnten auf der 12,5 ha großen Fläche wieder über 6500 Rosensorten und -arten verzeichnet werden. Auch die Veröffent-
lichung von August Jägers Rosenlexikon geht auf die Initiative
beider Fachleute zurück. In diesem bedeutenden Nachschlagewerk sind 17 000 Rosensorten aufgeführt.

Rosenfreunde und -fachleute aus der ganzen Welt kamen trotz der oft schwierigen Einreisebestimmungen nach Sangerhausen, um vor allem die Alten Rosen zu sehen, die in über 30 Rosenklassen im Rosarium zu finden sind. In einer solch ›musealen‹ Rosensammlung läßt sich die lückenlose Entwicklung der Gartenrose vom Altertum bis heute anschaulich nachvollziehen.

1962 stellte Paul Täckelburg das erste Rosenverzeichnis zusammen. Neben dem Sortennachweis für das Rosarium dient dieses Verzeichnis Fachleuten und Rosenfreunden als Standard-Nachschlagewerk.

Eine der wichtigsten Aufgaben des Rosariums ist die Arten- und Sortenerhaltung, die seit 1981 unter der bewährten Leitung von Gartenbauingenieurin Hella Brumme steht. Jährlich werden zu diesem Zweck 8000 Rosenokulationen durchgeführt. Durch den Austausch von Rosen-Reisern werden sowohl das Sortiment des Rosariums als auch die Rosenbestände von Rosensammlungen in den verschiedensten Ländern der Welt ständig ergänzt. Das Sangerhäuser Rosarium kann man heute als eine einmalige Genbank für Rosen bezeichnen.

Der Schwerpunkt der Arbeit liegt seit 1976 auf umfangreichen Um- und Ausgestaltungsmaßnahmen zur Verbesserung des gartenbaulichen Konzepts und des kulturellen Angebots der Anlage sowie auf einer zielgerichteten Öffentlichkeitsarbeit. Trotz vieler DDR-Beschwerlichkeiten gelang es in dieser Zeit, die gesamte Wasserleitung zu erneuern und die Teichanlagen im Vorgelände zu sanieren; ebenso entstand eine Ausstellungshalle, und eine neue Rosen-Bibliothek wurde eingerichtet. Die jährlichen Rosenzugänge, die größer werdenden Bäume und die Bodenmüdigkeitserscheinungen machten seit den 60er Jahren immer wieder Umgestaltungen mit Bodenerneuerung und Geländeerweiterungen erforderlich.

Neben seiner wissenschaftlichen Bedeutung hat sich das Rosarium nach dem Zweiten Weltkrieg auch zu einem kulturellen Anziehungspunkt für die ehemalige Bergbauregion um Sangerhausen entwickelt. Großer Beliebtheit erfreut sich jedes Jahr zur Zeit der Hauptrosenblüte Ende Juni das Berg- und Rosenfest mit vielen Veranstaltungen, der Wahl der Rosenkönigin,

Rosenausstellung im Jahr 1929; die Rosensorten wurden in strenger Anordnung auf langen Tischen präsentiert

Rosenschau und Parkillumination. Aber auch die wechselnden Sonderausstellungen von heimischen Künstlern und Vereinen, Führungen durch die Rosenanlagen und Fachveranstaltungen, dazu zählt beispielsweise der Rosenschnittlehrgang im Frühjahr, sind zur Tradition geworden.

Nach der Wiedervereinigung erlangte das Rosarium erneut internationale Bedeutung. Anläßlich des 90jährigen Jubiläums 1993 erhielt die Rosensammlung durch das Ministerium für Europaangelegenheiten des Landes Sachsen-Anhalt die Anerkennung als ›Europa-Rosarium Sangerhausen‹. Für die Stadt Sangerhausen ist die Erhaltung der Anlage mit einem hohen finanziellen Aufwand verbunden. Investitionen, die für ein entsprechendes touristisches Niveau notwendig sind, erfordern zusätzliche finanzielle Mittel. Durch Fördermittel des Bundeslandes Sachsen-Anhalt und Projekte im Rahmen von Arbeits-

Blick in eine floristisch gestaltete Rosensorten-Schau heute

beschaffungsmaßnahmen konnte die Pflege des Rosenparks wesentlich verbessert werden. Neue Anziehungspunkte, wie der ›Mediterrane Garten‹ mit rund 150 subtropischen Pflanzen, ein kleines Museum zur Geschichte des Rosariums sowie ein Info- und Lesepavillon laden zum Verweilen ein. Die zahlreichen Texttafeln entlang des ausgewiesenen Rundganges erläutern die verschiedenen Rosenklassen und liefern Informationen zu besonderen Begebenheiten um die Rose.

Zukunftsorientierte Planungen werden gegenwärtig für den Eingangsbereich, einen Wirtschaftshof und einen Erweiterungsteil für Wild- und Strauchrosen im oberen Parkteil getroffen. Die Wiederaufnahme und der Anschluß des Rosariums an eine wissenschaftlich geleitete Rosen-Genbank sind im Gespräch. Ähnlich wie bei der Gründung des Rosariums ist für die Weiterentwicklung auch heute wieder viel Privatinitiative gefragt.

Zeittafel zur Geschichte des Rosariums

1897   Peter Lambert (1859–1939), Rosenzüchter aus Trier, schlägt dem Verein Deutscher Rosenfreunde die Einrichtung eines Vereins-Rosariums vor.

1898   Im Auftrag der Stadt und des Verschönerungsvereins bietet Albert Hoffmann (1846–1924), Kaufmann in Sangerhausen, dem Verein Deutscher Rosenfreunde in Sangerhausen ein Gelände für ein Rosarium an. Der Verein beschließt die Errichtung des Rosariums in Sangerhausen. Hoffmanns Privat-Rosarium umfaßt 1100 Rosenarten und -sorten. Den größten Teil seiner Sammlung stiftet er dem Rosarium.

Albert Hoffmann,
Mitbegründer
des Rosariums

1899   Gymnasialprofessor Ewald Gnau (1853–1943), Sanger-
        hausen, stellt sich in den Dienst des Rosariumaufbaus.
        Gartenarchitekt Friedrich Doerr, Erfurt, fertigt den
        ersten Entwurf an.

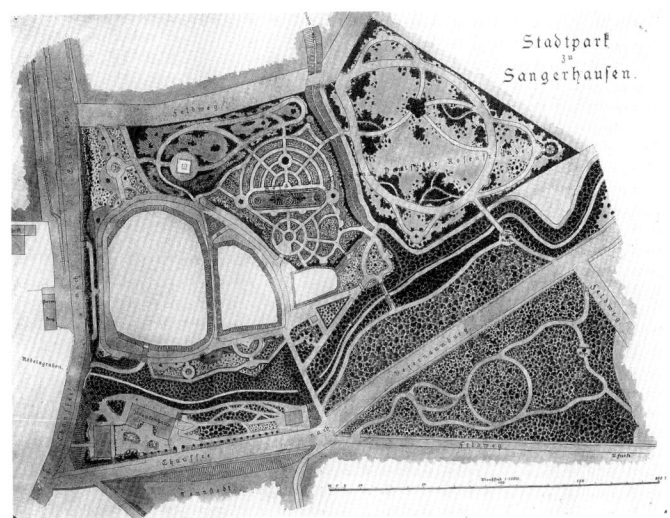

Lageplan von Stadtpark und Rosarium 1903; zweiter Entwurf von
Peter Lambert, Trier

1902   Obergärtner Richard Vogel (1867–1934) aus Frankfurt
        (Main) kommt nach Sangerhausen. Peter Lambert, Trier,
        entwirft den Plan für den zweiten Erweiterungsteil des
        Rosariums.

1903   Am 3. Juli wird auf einer Fläche von sechs Morgen das
        Vereins-Rosarium aus Anlaß des Kongresses Deutscher
        Rosenfreunde eröffnet.

Teiche im Vorgelände (Stadtpark), um 1903; sie dienten im Mittelalter als ▷
Klärbecken für die Wasserversorgung der Stadt Sangerhausen, Blick auf
den Zweierteich mit Pulverhäuschen

Eingang des Rosariums um 1905

1909   Der Botaniker Georg Dieck, Zöschen bei Merseburg, stiftet dem Rosarium seine auf der Weltausstellung in Paris gezeigte Wildrosensammlung.

1913   Eine Geldspende von Auguste Vogel, geb. Herpich, in Amerika lebende Sangerhäuser Bürgerin, ermöglicht den Ankauf von zwölf Morgen Land. Apotheker Hahne, Wernigerode, stiftet die Hermenbüste der Kaiserin Auguste Victoria, Protektorin des Vereins Deutscher Rosenfreunde.

1914   Eine Lübecker Baumschule stiftet dem Rosarium zahlreiche seltene Bäume und Sträucher.

1922–   Ewald Gnau übernimmt die geschäftliche Leitung des
1926   Vereins Deutscher Rosenfreunde und des Rosariums sowie die Redaktion der Rosen-Zeitung. Er wird 1924 Ehrenbürger der Stadt Sangerhausen.
Die erste Broschüre über das Rosarium wird von Scharf und August Schneider herausgegeben.

Das Eingangstor Riestädter Straße, 1913, mit Willkommensgruß: ›Freudig trete herein und froh entferne dich wieder. Ziehst du als Wanderer vorbei, segne die Pfade dir Gott!‹

Kletterrosenblüte 1914; die Skulptur der ›Wasserträgerin‹ ist ein Werk des Bildhauers Arnold Künne, Berlin. Sie fiel im Ersten Weltkrieg vermutlich der Aktion ›Edelmetalle für Kanonen‹ zum Opfer

1927   Max Vogel (1893–1949) führt als Rosariumsinspektor die Arbeit seines Vaters Richard fort. Ausrichtung der ersten deutschen Rosen-Neuheiten-Prüfung.
Der Verein Deutscher Rosenfreunde plant ein Rosenforschungsinstitut.

1933   Erstes Rosen- und Heimatfest im Rosarium. Sangerhausen präsentiert sich als Rosenstadt. Ewald Gnau verweigert sich der NS-›Gleichschaltung‹ und legt seine Ämter nieder. Die sogenannte Schwarze Rose ›Nigrette‹ ist als Neuheit im Rosarium zu sehen.

Festumzug 1934

1934   Das erste Rosenjahrbuch erscheint unter der Schriftleitung von Robert Zander. Camillo Schneider, Wilhelm Kordes und Harald von Rathlef setzen diese Arbeit bis 1940 fort.

1935–   Der Naturwissenschaftler Harald von Rathlef (1878–
1936   1944), Sangerhausen, übernimmt die Leitung des Rosa-

riums und die neugegründete ›Zentralstelle für Rosenforschung‹. Das Instituts- und Verwaltungsgebäude wird eingeweiht.

August Jäger (1876–1962), Uftrungen, vollendet das Rosenlexikon, das 17000 Rosenarten und -sorten beschreibt.

1937–
1944
Harald von Rathlef veröffentlicht die ersten Forschungsergebnisse über die Vitamin-Rosen, Rosenzüchtung und Rosenprüfungen.

Infolge des Zweiten Weltkrieges muß das Institut seine Arbeit einstellen. Die Rosensammlung umfaßt 5000 Arten und Sorten.

Wilhelm Kordes züchtet die Rosenneuheit ›Sangerhausen‹.

1945–
1949
Wertvolles Archiv- und Forschungsmaterial, viele Rosensorten und die Bibliothek des Rosariums gelangen im Rahmen von Reparationsleistungen nach Rußland.

Das Rosarium wird unter städtische Verwaltung gestellt.

Gartenbauingenieur Hans Vonholdt (1909–1988) aus Erfurt übernimmt die Leitung des Rosariums.

1950
Gärtnermeister und Gartenbauingenieur Paul Täckelburg (1913–1995), Sangerhausen, übernimmt die Sortimentserhaltung und erarbeitet das erste Rosenverzeichnis.

Die wesentlichen Schäden aus dem Zweiten Weltkrieg sind beseitigt.

1952
Der Botaniker Kurt Wein (1883-1968), Nordhausen, nimmt im Rahmen eines Forschungsauftrages die Neubestimmung des Wildrosensortimentes vor.

1953
Zum 50jährigen Jubiläum des Rosariums begeht die Stadt Sangerhausen das erste Rosenfest nach dem Zweiten Weltkrieg.

1955	Der Rosen- und Pflanzenzüchter Hugo Tepelmann (1880–1961), Sangerhausen, publiziert seine wissenschaftlichen Beobachtungen in dem Buch ›Die Rose als Objekt der Inzucht‹.
1963–1973	Die von Hans Vonholdt erarbeitete Broschüre ›Rosarium Sangerhausen‹, die erste Publikation des Rosariums nach 1945, erscheint. In der Folge eines Ideenwettbewerbs zur Umgestaltung des Rosariums kommt es zur Realisierung des Schaugartens im Erweiterungsgelände. Eine Gärtnerei wird eingerichtet; bessere Arbeitsbedingungen entstehen durch den Bau eines Belegschaftshauses und die Anschaffung verschiedener Arbeitsmaschinen.
1975–1976	Gartenbauarchitekt Ingomar Lang (geb. 1936) aus Forst (Lausitz) wird Direktor des Rosariums. Ein Um- und Ausgestaltungskonzept zur Verbesserung des gartenbaulichen, technischen und kulturellen Niveaus des Rosariums kann trotz schwieriger Bedingungen durchgesetzt werden. Das erste ›Berg- und Rosenfest‹ findet statt.
1977–1982	Die noch aus dem Mittelalter stammenden Teichanlagen im Vorgelände, dem Stadtpark, werden saniert. Der Rosenschaugarten wird um 600 Rosensorten erweitert. Die Entwicklung der Gartenrose ist in einem Sondergarten dargestellt. Die Ausstellungsreihen ›Skulpturen und Rosen‹, ›Rosen-Galerie‹ und ›Rosenschau‹ werden ins Leben gerufen. Hella Brumme (geb. 1946) übernimmt als wissenschaftliche Mitarbeiterin die Führung und Erhaltung des Rosensortimentes. Trotz des Eisernen Vorhangs gelingt es, die Sammlung mit Rosenneuheiten aus der ganzen Welt zu ergänzen.

◁ Der Rosenpavillon von 1899

Die Skulptur ›Kniende‹

1983–
1989

Zum 80jährigen Jubiläum kommen 130 000 Besucher, um die inzwischen größte Rosensammlung der Welt zu sehen.

Eine Gedenkmünze mit dem Bildnis des Gründers Albert Hoffmann und die Broschüre ›Die Bäume und Sträucher im Rosarium Sangerhausen‹ erscheinen. Der älteste Gartenteil am Eingang des Rosariums wird wegen Überalterung des Bodens und der Rosenbestände neu gestaltet. 150 Rosensorten von Rosenzüchtern aus der DDR werden in Verbindung mit Stauden angepflanzt.

Die 4., überarbeitete Auflage des Rosenverzeichnisses mit der Kurzbeschreibung von über 6500 Rosenarten und -sorten erscheint.

Gedenkstein für Albert Hoffmann

1990–
1995

Das Rosarium erhält nach der Wiedervereinigung internationale Bedeutung. Alle europäischen Rosengesellschaften fordern den Erhalt und den weiteren Ausbau der einmaligen Rosensammlung.

Die Stadt Sangerhausen und der Verein Deutscher Rosenfreunde (VDR) führen Verhandlungen zur Nutzung der Arten- und Sortenbestände des Rosariums als Rosen-Genbank und zur Wiederaufnahme der Rosenforschung. Der Förderverein ›Freunde des Rosariums Sangerhausen e.V.‹ und die VDR-Stiftung ›Europa-Rosarium Sangerhausen‹ werden ins Leben gerufen.

Fördermittel des Landes Sachsen-Anhalt ermöglichen die Anlage des ›Mediterranen Gartens‹ mit einem Info- und Lesepavillon sowie den Bau eines kleinen Museums

Neugestaltung im Eingangsbereich des Rosariums, 1986

zur Geschichte des Rosariums. Wegesanierungen und spezielle Baumpflegemaßnahmen zur Erhaltung wertvoller Arten werden durchgeführt.

Zum 90jährigen Jubiläum 1993 erhält das Rosarium vom Ministerium für Europaangelegenheiten des Bundeslandes Sachsen-Anhalt die Anerkennung ›Europa-Rosarium Sangerhausen‹.

Die ›Allgemeine Deutsche Rosenprüfung‹ (ADR) findet seit 1994 in Sangerhausen statt.

In der Gärtnerei des Rosariums entsteht eine moderne Gewächshausanlage.

Josef Raff, Präsident des Vereins Deutscher Rosenfreunde, verleiht der Stadt Sangerhausen den Titel ›Rosenstadt des VDR‹; links Oberbürgermeister Dr. Czudaj, rechts Rosariumsdirektor Ingomar Lang

Die wiederentdeckte Kaiserin

Mitten in der Rosenpracht steht ein hohes Marmorbild, die Hermenbüste der Kaiserin Auguste Victoria, einst Protektorin des Vereins Deutscher Rosenfreunde. 1913 schenkte der Apotheker und Rosenfreund Hahne aus Wernigerode dem Rosarium die Büste, ein Werk des Berliner Bildhauers Arnold Künne. Zum Regierungsjubiläum des deutschen Kaisers am 15. Juni 1913 wurde das Denkmal eingeweiht. Die Kriege und Wirren der Zeit hat es heil überstanden. Andere Skulpturen, wie die ›Wasserträgerin‹, ›Flora‹ und das ›Ännchen von Tharau‹ wurden zerstört oder gestohlen.

1945 lehnte der damalige russische Stadtkommandant die Forderung der ›Genossen‹, das Denkmal zu entfernen, mit den Worten ab: »Das ist eine schöne Frau, und die bleibt stehen!«

Kaiserin Auguste Victoria

Die Enthüllung der Hermenbüste ›Kaiserin Auguste Victoria‹, 1913

Doch bald nach der Gründung der DDR erwirkte die Landesregierung Halle den Befehl zur Vernichtung der Büste. Nur dem Engagement der Gärtner ist es zu verdanken, daß sie nicht zerschlagen, sondern nur vergraben wurde. Über 30 Jahre ruhte die Büste so im Rosarium.

1983 wurde sie dann auf Initiative der Leitung des Rosariums, der Bildhauer des Verbandes der Bildenden Künstler Halle und des Rosenfachmannes Paul Täckelburg am Eingang zur Rödelsschlucht wiederaufgestellt. Um diese Zeit feierten bereits in verschiedenen Städten Fürsten und Kurfürsten ihre parteilich abgesegnete Auferstehung. Mit der SED-Kreisleitung Sangerhausen mußten allerdings noch einmal Verhandlungen über das wiederentdeckte Kunstwerk geführt werden, bis man den richtigen parteilichen Standpunkt dazu fand. Dann erst kam ›Kaiserin Auguste Victoria‹ am neuen Standort zu ihrer wohlverdienten Ruhe und Ehre.

Das Rosensortiment in Sangerhausen –
Zur Kulturgeschichte der Rose

In fast 100 Jahren wurden im Rosarium Sangerhausen Rosen aus allen Ländern und Zeitepochen zusammengetragen. Der jetzige Bestand spiegelt in fast lückenloser Folge die Entwicklung der heutigen Gartenrose wider.

Die Geschichte über die Entstehung der Rosen und ihre Entwicklung geht weitgehend auf Vermutungen zurück. Sicher ist jedoch, wie fossile Funde beweisen, daß es sie lange vor den Menschen gab. Die ersten Berichte über Kulturformen und gärtnerischen Rosenanbau stammen aus China um 1500 vor unserer Zeitrechnung. Während des 16. Jahrhunderts wußten Besucher Chinas von Rosen mit sehr langer Blütezeit zu erzählen. Die erste Rose dieser Art, bekannt als ›Old Blush‹, brachte Peter Osbeck 1759 nach Holland. Im Rosarium Sangerhausen finden wir viele Chinasorten unter dem Begriff ›Bengalrosen‹.

Rosengärtner Richard Vogel, 1905, veredelte, pflanzte und pflegte das Rosensortiment

Alte Rosen

In der Antike stand die Rose im Mittelpunkt der Gartenkultur. Es gibt Berichte über damalige Anbaumethoden, denen zufolge die Griechen ihre Rosen häufig, mitunter sogar jährlich, verpflanzten. Dabei wurden stark wachsende Formen durch Stockteilung vermehrt. Man sieht es als sicher an, daß es sich hierbei um Formen von *Rosa gallica (Gallische Rosen)* oder *Rosa alba (Albarosen)* handelte. Nach dem Verfall des Römischen Reiches war es lange Zeit still um die Rosen. Außer in einigen Klostergärten gab es zu dieser Zeit keine Rosenanpflanzungen. Karl der Große verfügte um 800, daß die Rosen in den Gärten Mitteleuropas wieder angepflanzt wurden. Rosen und Lilien standen an der Spitze der 100 Pflanzen, die in den Landgütern kultiviert werden sollten. Außerhalb von Klostergärten und Krongütern zogen auch Burgfrauen Rosen als Heilpflanzen in ihren Gärten.

Eingangsgartenteil um 1910 mit Beetrosensortiment und Rosenhochstämmen

Eingangsgartenteil um 1910, im Vordergrund ein sehr schöner Trauer-rosenstamm

Damals wurden heimische *Hundsrosen (Rosa canina), Alba-rosen,* die von römischen Legionären mitgebracht worden waren, und *Gallische Rosen* angebaut. Den Mönchen ist die Erhaltung dieser Formen zu verdanken.

Mitte des 14. bis Ende des 16. Jahrhunderts erreichte der Rosenanbau in Frankreich ein beträchtliches Ausmaß. Es wurden vor allem Naturhybriden von Rosa gallica angebaut, deren schönste Formen von den Gärtnern ausgelesen wurden. Die wohl bekannteste Form ist Rosa gallica ›Officinalis‹, die ›Apothekerrose‹, deren Blütenblätter man schon im 14. Jahrhundert trocknete, zerrieb und zu Duftpulvern verarbeitete. Viele Gallicarosen sind Bestandteil der Sammlung des Rosariums.

In Holland entstand im 16. Jahrhundert die Naturhybride *Rosa centifolia,* wegen ihrer großen Blüten und der starken Füllung auch ›Kohlrose‹ genannt. Verschiedene Formen von *Zentifolien* sind unzählige Male in Blumenstilleben dargestellt worden. So wurde sie zur ›Rose des Peintres‹, der Rose der Maler. Die Zentifolien und ihre Nachkommen gehören zu den behüteten Schätzen des Rosariums, so zum Beispiel die durch Mutation entstandenen *Moosrosen*. Ihre Kelchblätter und der obere Teil des Blütenstieles sind dicht mit gestielten Drüsenborsten besetzt, so daß diese wie bemoost erscheinen. Die Drüsenborsten enthalten ätherische Öle, die einen intensiven harzigen Duft verströmen. Häufig haben auch die Triebe borstenartige Stacheln. Sehr intensiv duften auch die Blüten der Moosrosen. Adolph Otto beschrieb 1858 etwa 220 verschiedene Moosrosensorten, zu denen auch die um 1840 von Miellez gezüchtete ›Zoë‹ (Farbabb. 15) gehört.

Ebenfalls zu sehen sind im Rosarium die aus dem Vorderen Orient stammenden *Damaszenerrosen (Rosa damascena)*, die dort jahrhundertelang zur Rosenölgewinnung verwendet wurden. Zu den Damaszenerrosen gehört die sagenumwobene rosa und weiß gemischte ›York & Lancaster‹, die der spanische Mönch und Botaniker Monardes 1551 als ›Rosae Alexandrinae‹ beschrieben hat. Die Herbstdamaszenerrosen oder ›Rosen der vier Jahreszeiten‹ bilden eine kleine Unterart, die in Deutschland im vorigen Jahrhundert wegen ihrer guten Nachblüte auch unter der Bezeichnung ›Monatsrosen‹ bekannt war. Die Monatsrosen waren für die Entstehung weiterer Rosenklassen von großer Bedeutung.

Nicht in Europa, sondern in den Kolonien in Übersee entwickelten sich erste Bastarde mit den öfterblühenden chinesischen Formen. So erhielt John Champney aus Charleston (Süd-Carolina) 1902 durch Befruchtung einer *Moschusrose (Rosa moschata)* mit einer hellrosa Bengalrose die Urform der Noisetterosen, die Sorte ›Champney's Pink Cluster‹. Jahre später säte Philippe Noisette einige Samen davon aus und erhielt daraus öfterblühende Sorten, die er 1814 seinem Bruder Louis, Gärtner in Paris, unter dem Namen *Noisetterosen* sandte. Gerechterweise müßte diese Rosenklasse also nicht ›Noisetterosen‹, sondern ›Champneyrosen‹ heißen. Wenig später entstand auf der ›Ile de Bourbon‹, dem heutigen Réunion, die erste Bourbonrose. Durch Insektenbestäubung hatte sich in einer Hecke aus Bengalrosen und Herbstdamaszenerrosen die erste

Bourbonrose entwickelt. Fast zeitgleich erzielte Graf Lelieur, Gartendirektor des französischen Königshauses, durch künstliche Bestäubung einen Sämling, später ›Rose du Roi‹ genannt. Bis dahin beschränkte sich die Rosenzüchtung auf das Auslesen aus zufällig in der Natur entstandenen Kreuzungen und Mutationen. Durch gezielte Kreuzung konnte von nun an in kurzer Zeit eine große Anzahl neuer Rosensorten gezüchtet werden.

Die französische Kaiserin Joséphine war eine sehr eifrige Förderin dieser Gartenkultur. Bei der Wiederherstellung des Parkes in Malmaison zu Beginn der 1980er Jahre konnte das Rosarium viele verloren geglaubte Lieblingssorten aus dem Rosengarten der Kaiserin zur Verfügung stellen.

Am Anfang des 19. Jahrhunderts gelangten vier weitere chinesische Hybriden nach Europa, die die Rosenzucht revolutionierten. Es waren Abkömmlinge von Rosa chinensis x Rosa gigantea, die in China als Gartenformen kultiviert wurden. Ihre unmittelbaren Nachkommen sind die *Teerosen,* die für das Klima in Europa oft nicht winterhart waren. Trotz ihrer Empfindlichkeit kamen die Teerosen bald in Mode. Die Blüten saßen auf ziemlich schwachen Stengeln, und die Knospen hatten meist hohe Spitzen, die Blütenfarbe variierte von hellrosa bis gelblichweiß. In der viktorianischen Zeit trug man diese Rosen gern im Knopfloch, und viele Sorten wurden speziell als ›Knopflochrosen‹ angebaut. Die Teerosen sind unmittelbare Vorfahren unserer modernen Teehybriden. Im Rosarium findet man Teerosengruppen an klimatisch besonders geschützten Standorten.

Die sehr umfangreiche Klasse der *Remontantrosen* kann in ihrer Abstammung nicht genau definiert werden. Die meisten Remontanthybriden waren Zufallssämlinge. Das Remontieren, das wiederholte Blühen, hat dieser Klasse zu ihrem Namen verholfen, doch ist diese Eigenschaft wohl mehr die Ausnahme als die Regel. Die Rosen werden im Volksmund auch als ›Bauernrosen‹ bezeichnet. Um 1900 gab es fast 3000 verschiedene Remontantrosen. Viele dieser robusten, stämmigen Sorten stehen im Rosarium in großen Gruppen zusammen.

Moderne Rosen

Mit der Kreuzung von Teerosen und Remontanthybriden zur Mitte des 19. Jahrhunderts entstand eine neue Klasse der dauerblühenden Rosen, die *Teehybriden* oder *Edelrosen*. Als erste Teehybride kam die wunderschöne Sorte ›La France‹ 1867 in den Handel. Im Farbspiel dieser Rosenklasse fehlten zunächst die kräftigen gelben und auch die orangenen Farbtöne. Durch das Einkreuzen der goldgelben Rosa foetida und der kapuzinerfarbigen Rosa foetida ›Bicolor‹ gelang es dem Franzosen Pernet-Ducher, das Farbspektrum der Teehybriden um diese Farbtöne zu erweitern. Man bezeichnete sie daher als ›Pernetrosen‹. Ihre Zuordnung zu den Teehybriden war jedoch sehr sinnvoll. Die Form- und Farbschönheit der Blüten hat die Teehybriden zu den beliebtesten Rosen gemacht und Anlaß zu immer neuen Züchtungen gegeben. Die Folge ist eine heute unübersehbare Vielfalt, die sich im Sortiment des Rosariums widerspiegelt.

In Frankreich gab Guillot 1840 die von einer niedrigen Multiflorarose abstammende Sorte ›Paquerette‹, die Urform der als Beetrosen verwendeten *Polyantharosen,* in den Handel. Durch das Einkreuzen der großblumigen Edelrosen in diese Polyantharosen sind die aus den Gärten und öffentlichen Anlagen nicht wegzudenkenden *Floribundarosen* entstanden. Der Übergang von Polyantharosen zu Polyanthahybriden und Floribundarosen ist schwer festzulegen. Die Sammlung von Polyantha- und Floribundarosen im Rosarium zeigt den fließenden Übergang dieser Rosenklassen.

Eine Besonderheit ist nicht zuletzt die umfangreiche und wertvolle Kletterrosensammlung, die Formen aller Abstammungen zeigt. Die *Kletterrosen* werden aus Platzgründen an Naturholzstangen aufgebunden. Diese Art der Aufpflanzung hat eine lange Tradition und verleiht dem Rosarium einen unverwechselbaren Charme. Zu den ältesten Rosenstöcken im Rosarium zählen die Kletterrosensäulen der Alpinahybride ›Inermis Morletii‹ (Farbabb. 16).

Zur Säule hochgebundene Kletterrose ▷

2 Eingangsgartenteil mit Blick auf Beetrosen

◁ 1 Eingangsbereich des Rosariums mit der Rosensorte ›Sangerhausen‹

3 Eingangsgartenteil mit Rosenhalbstämmen und Stauden

4 ›Gruß an Friedberg‹ (Rogmanns 1902), Noisetterose

6 Großblumige Kletterrosen im Bereich der ›Kleinen Wiese‹, im Vordergrund
›Alchymist‹ (W. Kordes' S. 1956)

◁ 5 Das ›Heideröslein‹ - Denkmal

8 Blick auf Kletterrosenpyramiden

7 Die Albarose ›Princesse de Lamballe‹, kultiviert seit 1850

9 Die freiwachsende Moderne Kletterrose ›Rosenfest‹ (GPG Bad Langensalza 1981)

11 Die einfach blühende Gallicarose ›Complicata‹

◁ 10 Die Gallicarose ›Belle de Crécy‹ (Roeser vor 1848)

12 ›Triomphe de Flore‹ (Prévost um 1830), Gallicarose

14 Die Moosrose ›Souvenir de Pierre Vibert‹ (Moreau-Robert 1867)

◁ 13 ›Princesse Bacchiochi‹ (Moreau-Robert 1866), eine bis 2 m hohe rosa Moosrose

15 ›Zoë‹, eine üppigwachsende Gallicarose (Miellez um 1840)

17 ›Bijou des Prairies‹ (Schwartz 1880), eine von der Prärierose, R. setigera, abstammende Kletterrose

◁ 16 Die an Stangen hochgebundene Alpinahybride ›Inermis Morletii‹ (Morlet 1883) in der Nähe der ›Großen Wiese‹

18 ›Elfenreigen‹, eine Macranthahybride (M. Krause 1939)

19 Die Remontantrose ›Enfant de France‹ (Lartay 1860)

20 Die Remontantrose ›Havlickova národni‹ (Mana Böhm 1935)

21 Die Remontantrose ›Mme. Louis Lévêque‹ (Lévêque 1898)

22 Die Remontantrose ›Gonsoli Gaetano‹ (Pernet 1874)

23 Ansicht der ›Großen Wiese‹ mit Modernen Strauchrosen

24 Die dauerblühende Strauchrose ›Golden Wings‹ (Sheperd 1956)

25 Die Strauchrose ›Robusta‹ (W. Kordes' S. 1979)

26 Dauerblühende Strauchrosen ›Scintillation‹ (im Vordergrund) und ›Fontaine‹

27 Lambertiana-Rosengruppe am Konzertplatz

28 Die Frühlingsrose ›Maiwunder‹ (W. Kordes' S. 1966)

29 Strauchrosengruppe auf der ›Großen Wiese‹ mit ›Pleine de Grace‹ (Lens 1984) rechts im Hintergrund

30 Strauchrose ›Nordhausen‹ (M. Krause 1940)

31 Die Nelkenrose ›Pink Grootendorst‹ (Grootendorst 1923), Sport von ›F. J. Grootendorst‹

32 ›Agnes‹, eine Rugosahybride (Saunders 1922)

33 ›Mrs. Anthony Waterer‹ (Waterer 1897), eine Rugosarose mit herrlichen, purpurroten, duftenden Blüten

34 Die Rugosahybride ›Dr. Eckener‹ (V. Berger 1929)

35 ›F. J. Grootendorst‹ (De Goey 1918), Nelkenrose

36 Ansicht des Rosariums mit Blick vom ›Alpinum‹

37 Gartenteil am ›Alpinum‹

34 Die Rugosahybride ›Dr. Eckener‹ (V. Berger 1929)

35 ›F. J. Grootendorst‹ (De Goey 1918), Nelkenrose

36 Ansicht des Rosariums mit Blick vom ›Alpinum‹

37 Gartenteil am ›Alpinum‹

38 Strauch des Artbastards R. moschata x R. multiflora x R. chinensis

39 R. x dupontii Déségl., Gartenform entstanden vor 1817

40 Die ›NDR 1 Radio Niedersachsen‹-Rose (W. Kordes' S. 1995)

41 Moschatahybriden im ›Schaugarten‹

42 Die Remontantrose ›Hermann Löns‹ (Tantau 1931)

43 ›The Queen Elizabeth Rose‹ (Lammerts 1954), eine Floribundarose

45 ›Manitou‹ (Swim-Armstrong 1957), eine zweifarbige Teehybride ▷

44 Die Floribundarose ›Eye Paint‹ (McGredy 1976)

47 Die ›Grüne Rose‹, R. chinensis ›Viridiflora‹

◁ 46 Die ›Stacheldrahtrose‹, R. sericea Lindl. var. pteracantha Bean

48 ›Nigrette‹, die sogenannte Schwarze Rose, eine schwärzlich-rote Teehybride

49 Die Hundsrose R. corymbifera Borckh. var. remonta H. Br.

51 Die Zimtrose R. setipoda Hemsl. & Wils. im Herbstschmuck ▷

50 Die seltene nordamerikanische Wildrose R. stellata Woot. var. mirifica Cockerell

52 Blüte der Ho-Magnolie (Magnolia hypoleuca)

53 Der Rotblättrige Perückenstrauch (Cotinus coggygria purpurea)

Die Vielzahl der Rosen und ihre Besonderheiten

Das Rosarium Sangerhausen besitzt die größte Rosensammlung der Welt. Die Sammlung von 6300 Kulturformen und rund 500 Wildrosenarten mit ihren Varietäten wird im Guinnessbuch der Rekorde geführt. Alle vorhandenen Sorten sind im Sortenverzeichnis ›Rosarium Sangerhausen‹ alphabetisch nach Sortennamen aufgeführt; außerdem werden der Züchter, das Jahr der Einführung der Sorte in den Handel und die Rosenklasse angegeben. Die dazugehörende Kurzbeschreibung betrifft Farbe, Größe, Füllung und Duft der Blüten sowie die Höhe der Pflanzen. Ebenso kann man dem Verzeichnis den Standort der einzelnen Rosensorten entnehmen, der durch die Gruppennummer gekennzeichnet ist, die jeweils vor der Sorte erscheint und in den Gruppenplan eingetragen ist. Überdies ist das Sortenverzeichnis ein grundlegendes Nachschlagewerk für jeden Garten- und Rosenfreund.

Das erste Sortenverzeichnis wurde vom Rosenfachmann Paul Täckelburg 1962 fertiggestellt. Zur Zeit ist die vierte, überarbeitete Auflage und ein dazu gehörender Nachtrag gültig. Um in dem riesigen Sortiment des Rosariums die Übersicht zu behalten, ist jede Sorte mit

Paul Täckelburg erarbeitete das erste Rosenverzeichnis des Rosariums

einem Etikett versehen. Am Beispiel der sehr bekannten Rosensorte ›Gloria Dei‹ sei diese Etikettierung hier erläutert.

Gloria Dei	– Rosensorte
Meilland 1945	– Rosenzüchter und Jahr der Einführung in den Handel
TH	– Rosenklasse immer als Abkürzung (TH = Teehybride)

Hinweisschilder und exakte Etikettierung sowie Standortnachweise und Beschreibung im Sortenverzeichnis ermöglichen eine gute Orientierung über die Sammlung. Wildrosen und Kulturformen stehen meist in gesonderten Gruppen. Zuerst einige Erläuterungen zur Wildrosensammlung.

Die Wildrosensammlung des Rosariums umfaßt Wildrosen aus allen Verbreitungsgebieten der Erde. Ursprünglich waren Rosen nur auf der nördlichen Erdhalbkugel beheimatet. Sie stammen aus Asien und Europa, aber auch in Nordamerika gibt es einige Wildrosenstandorte. Rosen, die heute südlich des Äquators wachsen, wurden von den Menschen dort eingeführt. Die heute allgemein gebräuchliche Systematik der Gattung Rosa stellte der Deutschamerikaner Alfred Rehder 1949 auf. 130 bekannte Rosenarten werden danach in vier Untergattungen, Hultemia, Eurosa, Plathyrodon und Hesperhodos, eingeteilt, von denen 126 Arten, die wiederum in 10 Serien untergliedert sind, der Untergattung Eurosa angehören. Für den Systematiker bietet die Vielzahl der Wildrosenvarietäten des Rosariums noch interessante Aufgaben. Die Wildrosen beginnen ihren Blütenreigen bereits Anfang Mai, nur wenige, meist nordamerikanische Arten, blühen im Hochsommer. Im Herbst erfreuen die unterschiedlichsten Hagebutten der Wildrosen den Besucher. Anziehungspunkt während des ganzen Jahres ist die *Stacheldrahtrose* ›Rosa sericea Lindl. var. pteracantha‹ mit ihren breiten, rötlich durchscheinenden Flügelstacheln (Farbabb. 46). Wichtigste Wildrosenstandorte im Rosarium sind die Gruppen 81a, 112, 125–130, 133, 134, 145–150 und 226.

Den Anteil der bedeutendsten Kulturformen und ihre Standorte im Rosarium zeigt die folgende Tabelle:

Sorten	Gruppen	Sorten	Gruppen	Sorten	Gruppen
145 Gallica-rosen	99–102, 111, 143, II/11a, III/19, IV	25 Alba-rosen	48, 82, 110, I/14, IV	40 Centifolia-rosen	117, 118, 143, 216, IV
15 Portland-rosen	99–102, 111, III/19, II/11, 143	40 Damas-zener-rosen	82, 110, 111, 143, 225, II/11, III/19, IV	110 Moos-rosen	117, 143, II/11, III/1, IV
110 Bourbon-rosen	115, 158, 195	110 Tee-rosen	7, 87, 88, 115	55 Bengal-rosen	II/10, II/11
520 Remon-tant-rosen	98, 209, 224, 228, 229 I/12–I/14, I/16–I/18, II/12–II/14	855 Kletter-rosen	7, 26, 47, 53, 54, 93–97, 151–152, 160, 161, 186, I/14, V/I	60 Noisette-rosen	40, 45, 115
80 Boden-decker-rosen	46, 56, 88, 175, 210, 214, III/16	500 Polyantha-rosen	I/1–I/10	700 Flori-bunda-rosen	8, 10, 11, 50, 132, 218–220, II/1–II/9, III/17, V/1
40 Moschata-rosen	III/13–III/15	2300 Tee-hybriden	10, 55, 58, 66–73, 119, 122, 135–142, 153–156, 167–185, 187–202, 208–212, 221, 222, III/2–III/12	70 Lamber-tiana-rosen	166
80 Rugosa-rosen	203	120 Mini-rosen	I/11, II/15, III/16	270 Strauch-rosen	9, 12, 56 197–198, 226, I/14, II/14
15 Englische Rosen	92, 114, II/14	40 Rubiginosa-rosen	203		

Lageplan
Europa-Rosarium
Sangerhausen

Besonderheiten: (Kreise)

1. Denkmal
   Albert Hoffmann
2. Märchenturm
3. Rosenpavillon,
   Museum
4. Skulpturengruppe
   ›Heideröslein‹
5. Schutzhütte
6. Rosar-Verwaltung
7. Rosar-Gärtnerei

8. Pelikan-Skulpturengruppe
9. Ausstellungshalle
10. Info-Pavillon,
    Mediterraner Garten
11. Org.-Büro zum Rosenfest
12. Denkmal Prof. Ewald Gnau
13. Sondergarten
    Entwicklung der Gartenrose
14. Denkmal
    Kaiserin Auguste Victoria

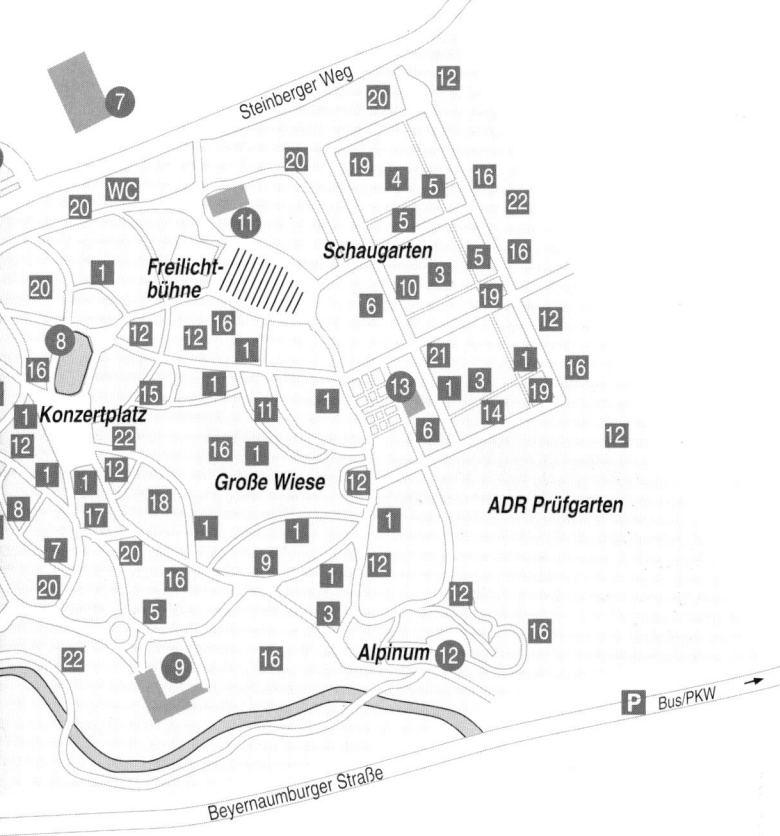

Rosenklassen:

(Numerierung ist nicht mit den Gruppen-Nr.n im Rosenverzeichnis identisch.)

(Quadrate)

1. Teehybriden
2. Teerosen
3. Polyanthahybriden und Floribundarosen
4. Polyantharosen
5. Remontantrosen
6. Gallische Rosen
7. Moosrosen
8. Damaszenerrosen
9. Bourbonrosen

10. Bengalrosen
11. Luteahybriden
12. Kletterrosen
13. Noisetterosen
14. Moschusrosen
15. Lambertianarosen
16. Moderne Strauchrosen
17. Frühlingsrosen
18. Rugosahybriden
19. Miniaturrosen

20. Wildrosen
21. Hochstämme
22. Bodendeckerrosen

Kurze Beschreibungen der wichtigsten Rosenklassen sind dem Rundgang folgend an ihren Standorten angebracht:

Noisetterosen

1802 entstand in den USA durch Kreuzung zwischen R. moschata mit ›Parson's Pink China‹ die erste Rose dieser neuen öfterblühenden Klasse: ›Champney's Pink Cluster‹. Sämlinge dieser Rose sandte Philippe Noisette seinem Bruder Louis nach Frankreich, der weiter damit kreuzte und den Nachkommen dieser Rose die Klassenbezeichnung ›Noisetterosen‹ gab. Im weiteren Züchtungsverlauf entstand aus den Noisetterosen ein Teil niedriger sowie auch kletternder Rosen. Die auf Farbabb. 4 dargestellte kletternde Sorte ›Gruß an Friedberg‹ blüht mit ihren wunderschönen gelben Blüten bis zum späten Herbst.

Älteste Rosensorte

Im Jahr 1551 beschrieb der spanische Botaniker und Mönch Monardes erstmals die R. x damascena ›Versicolor‹ genau. Nach der Legende soll diese Rose 1486 in England nach der Beendigung der als ›Rosenkriege‹ in die Geschichte eingegangenen Thronfolgekriege (1455–1485) zwischen den Herzoghäusern York und Lancaster erschienen sein. Das Haus Lancaster führte die rote Rose, das Haus York die weiße Rose im Wappen. In Wirklichkeit ist diese Rose ein Sport von R. x damascena mit teils weißen, teils mehr oder weniger rosa getönten oder ge-scheckten Blüten und darf nicht mit der sicher viel älteren R. gallica ›Versicolor‹ verwechselt werden.

Teerosen

Ende des 18. Jahrhunderts bis Anfang des 19. Jahrhunderts brachten holländische und englische Seefahrer verschiedene rosa bis rote und hellgelbe Rosen aus China nach Europa. Diese waren der Grundstein für die Züchtung der Teerosen auf dem europäischen Kontinent. Für die Herleitung des Namens ›Teerose‹ gibt es drei verschiedene Erklärungen: die Urformen dieser Klasse gelangten mit Teeschiffen nach Europa, die Rosen kamen aus der Baumschule ›Fa Tee‹ in Canton, das Laub der Rosen duftet nach Tee.

Englische Rosen

Vor dreißig Jahren begann der englische Rosenfachmann David Austin mit der Züchtung dieser Klasse. Nach mehreren Rückschlägen gelang ihm 1988 der Durchbruch. Die neuen Züchtungen im Stil der Alten Rosen sind oft dicht gefüllt und haben einen starken Duft. Durch die Einkreuzung Moderner Rosen ist eine lange Blütezeit gewährleistet. Einige Sorten dieser Züchtungen rechnet man zu den Beetrosen, andere zu den Strauchrosen.

Ölrosen

Die Gewinnung von echtem Rosenöl ist wahrscheinlich in Persien im 9. Jahrhundert erfunden worden und hat sich später von dort weiter verbreitet. Die bedeutendsten Erzeuger der Welt sind heute die Ukraine mit ca. 43%, Bulgarien mit 23%, die Türkei mit 19% und Marokko mit 15%. Die halbgeöffneten Blüten werden in den frühen Morgenstunden von 4 bis 10 Uhr gepflückt, da sich der Ölgehalt bei höheren Temperaturen verringert. Für 1 kg Rosenöl sind ungefähr 3000 kg Blüten notwendig, die von ca. 1 ha Anbaufläche gewonnen werden. Am häufigsten wird R. damascena ›Trigintipetala‹ zur Gewinnung von Rosenöl angebaut. Je nach dem Anbaugebiet wird sie ›Kasanlikrose‹, ›Rose von Schiras‹, ›Ölrose von Zypern‹ oder ›Ölrose des Himalaja‹ genannt.

Wildrosenstandort I

Die Pimpinellifoliae oder Bibernellblättrigen Rosen sind auf der Gruppe 112 aufgepflanzt. Ihr natürliches Verbreitungsgebiet erstreckt sich von Europa bis Asien. Sie blühen zumeist weiß oder gelb. Einige Vertreter dieser Serie sind R. pimpinellifolia, R. hugonis, R. xanthina und R. x pteragonis. Charakteristisch sind die Hagebutten der Pimpinellifoliae. Sie sind kugelig und färben sich braunrot bis schwarz.

Alte Strauchrosen

Als ›Alte Rosen‹ bezeichnet man alle Rosen, deren Klasse vor 1867 bestand, auch wenn einzelne Sorten erst später gezüchtet wurden. Dazu gehören Gallica-, Damaszener-, Zentifolia-, Moos-, Alba-, Noisette-, Bourbon-, Portland-, Tee- und Remontantrosen. Alle anderen Rosenklassen, die nach der Züchtung der ersten Teehybride ›La France‹ (1867) entstanden, gehören zu den ›Modernen Rosen‹. Die starkbemooste ›Zoë‹ (Miellez um 1840) gehört wie die Rugosahybride ›Agnes‹ (Saunders 1922) zu den Alten Rosen (Farbabb. 15 und 32).

Frühlingsrosen

Etwa um 1930 begann Wilhelm Kordes, die Wildrosen Rosa pimpinellifolia var. altaica und Rosa pimpinellifolia var. hispida mit der Teehybride ›Joanna Hill‹ und anderen zu kreuzen. Hieraus entstanden die sehr starkwüchsigen ›Frühlingsrosen‹. Ihre Blütezeit beginnt schon Mitte Mai. Farbabb. 28 zeigt die goldgelbe Sorte ›Maiwunder‹, eine sehr gesunde, auch im Herbst oft nachblühende Frühlingsrose.

Moderne Strauchrosen

Unter dem Sammelbegriff ›Moderne Strauchrosen‹ faßt man strauchförmig wachsende Rosen verschiedener Abstammung zusammen. Es handelt sich meist um Kreuzungen großblumiger Gartenrosen mit Wildarten. Zum großen Teil sind sie öfter-blühend. Durch ihren lockeren Wuchs eignen sie sich besonders zu Solitärpflanzungen. Die Farbabb. 23–26 zeigen eine Fülle Moderner Strauchrosen; auf der Farbabb. 29 ist die üppig-blühende ›Pleine de Grace‹ zu sehen, die zur Strauchrosen-gruppe 198 gehört.

Kartoffelrosen (Rugosahybriden)

Rosa rugosa wurde 1756 aus Japan eingeführt. Sie erhielt die Be-zeichnung ›Kartoffelrose‹ wegen des runzeligen Laubes, das an das Laub der Kartoffelpflanze erinnert. Die ›Rugosahybriden‹ sind gut salzverträglich und ausgesprochen robust. Deshalb werden sie häufig zur Küstenbepflanzung und zur Anpflanzung an den Autobahnen verwendet. Die meisten Sorten remontieren gut. Sehr dekorativ sind die großen leuchtendroten Hagebutten. Eine Besonderheit in dieser Klasse sind die Nelkenrosen ›Pink Grootendorst‹ (Farbabb. 31) und ›F. J. Grootendorst‹ (Farb-abb. 32).

Apfelrosen

Lord Penzance aus England begann gegen Ende des 19. Jahr-hunderts mit Rosa rubiginosa, der ›Apfelrose‹ oder ›Schotti-schen Zaunrose‹, zu kreuzen. Bei den so entstandenen Hybri-den duftet das Laub, wie auch bei der Wildform, sehr angenehm nach reifen Äpfeln. Die Rosen blühen im Sommer, sind außer-ordentlich gesund und widerstandsfähig gegen Frost. Sie er-reichen eine Pflanzenhöhe bis zu über 3 m.

Bourbonrosen

Diese Rosenklasse ist wahrscheinlich durch eine Kreuzung der Herbstdamaszenerrose mit einer chinesischen Rose entstanden, die auf der Ile de Bourbon, dem heutigen Réunion, im Indischen Ozean zu Anfang des vorigen Jahrhunderts stattfand. Samen dieser neuen Rose kamen nach Frankreich, wo die damaligen Züchter die Klasse der Bourbonrosen daraus entwickelten.

Stacheldrahtrose

Die aus Zentralasien stammende Wildrose Rosa sericea Lindl. var. pteracantha Bean wird wegen ihrer reichen, flügelartigen Bestachelung auch als ›Stacheldrahtrose‹ bezeichnet. Als einzige Rose hat sie in der Regel vier weiße Blütenblätter. Die Früchte sind birnenförmig, mit verdickten roten Stielen und fallen sehr zeitig ab. Auffällig sind die lang herablaufenden, leuchtendrot durchscheinenden Stacheln an den jungen Trieben (siehe Farbabb. 46).

Kletterrosen

Kletterrosen sind Rosen mit kletterndem Wuchs aus verschiedenen Sektionen und Arten der Gattung Rosa. Den größten Anteil an dieser Gruppe haben Rosen aus der Sektion Synstylae, wie zum Beispiel Hybriden von Rosa multiflora und Rosa wichuraiana. Ihr Wuchs ist kletternd, mit starken langen Trieben (2–10 m). Die Blüten treten in Dolden oder Büscheln auf. Die Hagebutten sind meist klein und rund. Bei den reifen Hagebutten fallen die Kelchblätter ab, und das verwachsene Griffelchen (Stylum) bleibt erhalten. Zu den Kletterrosen gehören aber auch einige Rosen mit anderen Abstammungen; so haben Rosa chinensis, Rosa bracteata und andere wenig winterharte Formen kletternden Wuchs. Weitere Vertreter dieser Gruppe sind die ›Großblumigen Kletterrosen‹. Dies sind meist remontierende Pflanzen mit längeren, oft steifen Trieben, deren größere Blüten

in lockeren Büscheln blühen. Zu den ›Großblumigen Kletterrosen‹ gehört die auf der Farbabb. 6 dargestellte, an Säulen aufgebundene Kletterrose ›Alchymist‹.

›Nigrette‹, die sogenannte Schwarze Rose

1933 gab Max Krause diese schwärzlich-rote Teehybride in den Handel. Er erzielte sie aus einer Kreuzung der Teehybriden ›Château de Clos Vougeot‹ und ›Lord Castlereagh‹. Die schwachwüchsige Rose ›Nigrette‹ ist noch heute sehr populär, da sie die dunkelste Rose ist. Ihre Knospen und die aufblühenden Rosen sind samtig schwarzrot (Farbabb. 48). Nach einigen Tagen geht die Farbe, vor allem bei trockenem und heißem Wetter, in ein violettes Dunkelrot über.

Luteahybriden oder Pernetianarosen

Um 1900 kreuzte der französische Züchter Pernet die gelbblühende Wildrose Rosa foetida ›Persian Yellow‹ mit der rosarot blühenden Remontantrose ›Antoine Ducher‹ und erhielt die orangegelbe ›Soleil d'Or‹. In der Folgezeit entstanden daraus viele Sorten mit herrlichen Farbtönen. Später wurde diese Klasse den Teehybriden zugeordnet.

Die älteste durch den Menschen kultivierte Rosenart

Die ›Gallische Rose‹, Rosa gallica, war schon im 12. Jahrhundert v. Chr. bei den Medern und Persern bekannt. Sie steht mit am Anfang der Entwicklungsgeschichte der heutigen Gartenrosen. Zwischen dem 13. und 18. Jahrhundert wurde sie bereits in großem Umfang in Europa angebaut. Man nutzte sie zur Gewinnung von Rosenöl, zu Heilzwecken, und im Mittelalter wurde sie auch in der Küche verwandt. In Frankreich und Eng-

land erlangte die sogenannte Apothekerrose, Rosa gallica ›Officinalis‹, große Bedeutung. Durch Insektenbestäubung entstanden in dieser Epoche viele Sorten. Farbabb. 11 zeigt einen
Strauch der einfachen Gallischen Rose ›Complicata‹, Farbabb. 12
die Sorte ›Triomphe de Flore‹.

Moschusrosen

Die Wildform Rosa moschata hat sich von Indien und Südchina
nach Europa verbreitet. Die Schriftsteller des Altertums erwäh-
nen diese Art vor allem wegen des moschusähnlichen Duftes der
Blüten. In den Klostergärten des Mittelalters war sie ebenfalls
bekannt.

Die Züchtung von Moschatahybriden begann Anfang des
19. Jahrhunderts. Als älteste Sorte wird die Sorte ›The Garland‹
angesehen, die der Engländer Wells 1835 aus einer Kreuzung
von Rosa moschata und Rosa multiflora züchtete. 1879 wurde
die persische Moschusrose R. moschata ›Nastarana‹ eingeführt.
Zu Beginn des 20. Jahrhunderts schuf der Rosenzüchter Peter
Lambert aus Trier durch Kreuzungen mit Rosa moschata die
Sorte ›Trier‹, diese war Grundlage für weitere Moschatazüch-
tungen. In Deutschland wurden die daraus gezüchteten Sorten
zu Ehren von Peter Lambert ›Lambertianarosen‹ genannt. In
England widmete sich der Geistliche Joseph Pemberton dieser
Zuchtrichtung, so daß die dort gezüchteten Sorten zunächst
unter dem Sammelbegriff ›Pemberton-Hybriden‹, heute ›Mo-
schatahybriden‹, zusammengefaßt werden. Auf der Farbabb. 38
ist ein riesiger, weit überhängender Busch einer Kreuzung aus
Rosa moschata x Rosa multiflora x Rosa chinensis zu sehen,
Farbabb. 41 zeigt Moschatahybriden im Schaugarten des Rosariums.

Remontanthybriden

Diese Rosenklasse ist Mitte des 19. Jahrhunderts entstanden und
als Bindeglied zwischen Alten und Modernen Rosen anzusehen.

In Großbritannien sind Remontantrosen unter dem Namen Hybrid Perpetual (öfterblühende Hybride) bekannt. Sie blühen aber keineswegs fortwährend. Ende Juni entwickelt diese Klasse einen üppigen Flor mit behäbigen, rundlichen, meist starkgefüllten Blüten. Danach legen fast alle Sorten eine Ruhepause ein. Im Spätsommer bildet sich nochmals ein bescheidener Flor. Der robuste und stämmige, fast strauchartige Wuchs macht sie als Beetrosen ungeeignet. Zur Entstehung dieser Rosenklasse haben alle bis dahin bekannten Gartenrosen beigetragen. Farbabb. 20 und 42 zeigen zwei Besonderheiten der Remontantrosen, die skurril gezeichnete, schwach wachsende Sorte ›Havlickova národni‹ und die wunderschöne einfache Sorte ›Hermann Löns‹.

Polyanthahybriden oder Floribundarosen

Die Gruppenbezeichnung ›Polyanthahybriden‹ wird heute durch die exaktere Bezeichnung ›Floribundarosen‹ ersetzt. Die erste Rose dieser Gruppe war ›Gruß an Aachen‹ (Geduldig und Hinner 1909).

Das Ziel der Züchter war es, durch Kreuzen der Polyantharosen mit Teehybriden kräftigere, gesündere und winterharte Sorten mit größeren Blüten hervorzubringen. Diese Rosen eignen sich ausgezeichnet für repräsentative Gruppenpflanzungen. Auf der Farbabb. 2 ist die Fülle der im Rosarium vorhandenen Floribundarosen zu sehen. Farbabb. 44 zeigt die reichblühende Floribundarose ›Eye Paint‹, deren einfache Einzelblüte wirklich wie ein gemaltes Auge aussieht.

›NDR 1 Radio Niedersachsen‹-Rose

Nie zuvor hieß eine Rose wie ein Radioprogramm in Norddeutschland. Bis zum 29. Juli 1995: Da taufte die Rosenkönigin Anja I. aus Sangerhausen beim Rosenfest in Braunschweig die neue Beetrosensorte der Rosenbaumschule W. Kordes' Söhne, Klein Offenseth-Sparrieshoop, auf den Namen ›NDR 1 Radio

Niedersachsen‹-Rose (Farbabb. 40). Seither fragen viele Besucher des Europa-Rosariums, die auf NDR 1 Radio Niedersachsen von der größten Rosensammlung der Welt gehört haben, in Sangerhausen nach der altrosafarbenen Rose mit dem Namen ihres Senders. Sie steht gleich im Eingangsbereich und trägt auf der Namenstafel den Hinweis auf den guten Zweck, der mit ihrem Kauf verbunden ist. Drei Mark pro Pflanze gehen an die Stiftung Europa-Rosarium Sangerhausen des Vereins Deutscher Rosenfreunde. Die robuste Beetrose hat einen lange anhaltenden Blütenflor, sie duftet zart nach Wildrosen und ist geeignet für die Einzelpflanzung, die Pflanzung in Dreier-Gruppen und in Beeten.

(Hartmut Brinkmann, NDR)

Polyantharosen

Die Polyantharosen sind aus der Kreuzung von Rosa chinensis und Rosa multiflora hervorgegangen. Sie sind von niedrigem Wuchs und sehr reichblühend. Zahlreiche kleine, mehr oder weniger gefüllte Blüten stehen in großen Rispen. Die Farbskala reicht von weiß bis dunkelrot. Nach Rosa polyantha wurde diese Gruppe bezeichnet. Rosa polyantha ist das Synonym für Rosa multiflora, die 1784 von Thunberg beschrieben wurde. Die Polyantharosen eignen sich ausgezeichnet für die Beetbepflanzung.

Miniaturrosen (Zwergbengalrosen)

Über die Entwicklungsgeschichte dieser Rosengruppe ist sehr wenig bekannt. Ursprünglich soll sie in China entstanden sein. Seit 1930 haben sich Rosenzüchter intensiv mit der Weiterentwicklung dieser Rosengruppe befaßt, so daß das Rosarium heute über ein großes Sortiment an Miniaturrosen verfügt. Der Zwergwuchs dieser Rosen ermöglicht ihre Verwendung als Topfpflanze, in Balkonkästen, im Steingarten und als Einfassungspflanze.

Wildrosenstandort III

Auf den Gruppen 146, 147 und 150 sind die Rosen der Serie Cinnamomeae (Zimtrosen) aufgepflanzt. Diese Serie umfaßt 44 Arten. Zu den hier aufgepflanzten Rosen gehören Rosa moyesii, Rosa setipoda und Rosa pendulina mit ihren besonders schönen Hagebutten. Das Verbreitungsgebiet der Cinnamomeae erstreckt sich über die gesamte nördliche Erdhalbkugel. Der Blütenstand ist mehrblütig. Die Hagebutten sind kugelig bis flaschenförmig, von etwa 5 mm bis zu 4 cm Länge. Ihre Oberfläche ist glatt oder drüsig behaart, die Farbe hellrot bis tiefpurpur. Farbabb. 51 zeigt Hagebutten von Rosa setipoda.

Wildrosenstandort II

Auf den Gruppen 133, 134, 145 und 148 steht die Mehrzahl der Vertreter der Serie Caninae (Hundsrosen), die 30 Arten umfaßt. Das Verbreitungsgebiet der einzelnen Arten erstreckt sich von Nordamerika bis Skandinavien und von Portugal bis Westasien. Das Höhenwachstum der Arten schwankt zwischen 1 m und 3 m. Der Blütenstand ist meist mehrblütig. Die Hagebutten sind kugelig bis länglich-eiförmig und stets rot. Auf Farbabb. 49 ist die zu dieser Serie gehörende Rosa corymbifera zu sehen.

Lambertianarosen

Die ›Lambertianarosen‹ sind nach dem bedeutenden Rosenzüchter und Gartenarchitekten Peter Lambert benannt. Peter Lambert lebte von 1859 bis 1939 in Trier. 1901 kreuzte er Rosa moschata mit Rosa multiflora. Damit gelang ihm die Züchtung der öfterblühenden Strauchrose ›Trier‹, die am Anfang der neuen Rosenklasse der Lambertianarosen stand. Farbabb. 27 zeigt eine Gruppe von Lambertianarosen im Rosarium.

Teehybriden

Da die reinen, aus China eingeführten Teerosen für die mittel-
europäischen Klimaverhältnisse zu empfindlich waren, suchten
die Züchter nach Sorten, die die Vorzüge der Chinesischen Rosen mit der Winterhärte der einheimischen vereinten. Die Sorte
›La France‹ des französischen Rosenzüchters Jean Baptiste
Guillot (1867) wird im allgemeinen als erste Teehybride bezeichnet. Sie soll aus einer Kreuzung der Remontanthybride
›Mme. Victor Verdier‹ mit der Teerose ›Mme. Bravy‹ hervorgegangen sein. Die Anzahl der in den Handel gekommenen Teehybriden ist heute nicht mehr zu überschauen. Die Teehybride
›Manitou‹ ist auf der Farbabb. 45 zu sehen. Diese zweifarbige
Sorte wurde 1957 in der amerikanischen Rosenfirma Swim-
Armstrong gezüchtet.

Rosa chinensis ›Viridiflora‹ – Grüne Rose

Diese Rose ist durch Mutation aus einer Bengalrose (Chinesische Rose) hervorgegangen. Bei ihr sind die ursprünglich rosa
blühenden Blütenblätter blattartig grün geworden. Die Blüte ist
mittelgroß, gefüllt und steht meist in Büscheln. Nach längerer
Zeit färbt sich die Blüte rötlich-bronze. Die Grüne Rose blüht
fast ununterbrochen von Ende Mai bis zum Frosteinbruch. Sie
wurde 1856 von einer englischen Baumschule in den Handel
gebracht, ist aber wahrscheinlich älter. Farbabb. 47 zeigt die
›Grüne Rose‹ (R. chinensis ›Viridiflora‹).

Wildrosenstandort IV

Die meisten Vertreter der Serie Synstylae (Vereintgriffelige Rosen) finden wir auf den Gruppen 125–130. Die 22 Arten dieser
Serie besitzen häufig einen kletternden Habitus. Zu ihnen
gehören auch Rosa multiflora und Rosa wichuraiana, die Vorfahren der meisten Kletterrosen. Beheimatet sind die meisten
Synstylae in Ostasien.

Climbingrosen

Climbingrosen entstehen durch Mutationen, im Gartenbau wird dafür häufig das englische Wort ›Sport‹ verwendet. Wenn im teilungsaktiven Gewebe, zum Beispiel in einer Knospe, eine plötzliche Veränderung an einem Chromosom auftritt, können sich morphologische Merkmale der Pflanzen verändern, beispielsweise Blütenfarbe, Blattform und Wuchs. Häufige Veränderungen sind das Auftreten von Peitschentrieben, die sogenannten Climbing Sports. So können Kletterrosen als Climbing Sports aus Beetrosen entstehen. In unserem Klima sind diese Sorten oft nicht so erfolgreich, in südlichen Ländern hingegen gedeihen sie gut.

Bodendeckerrosen

Unter diesem Begriff hat man Rosenarten und -sorten zusammengefaßt, die bei entsprechender Pflanzdichte in der Lage sind, die Bodenfläche dauerhaft abzudecken. Hinsichtlich der Wuchsform unterscheidet man 5 Gruppen:

1. schwach wachsend, flach niederliegend, Blatt- und Triebdecke maximal 40 cm über der Erde, zum Beispiel: Heideröslein ›Nozomi‹ (Onodera 1968)

2. breitbuschig, dicht, aber aufrecht wachsend, Blattdecke 70–80 cm über der Erdoberfläche, zum Beispiel: ›Ballerina‹ (Bentall 1937) oder ›Heidi‹ (Noack 1987)

3. breitbuschig, dicht niederliegend bis breitbogig wachsend, 30–60 cm Blattdecke über der Erdoberfläche, zum Beispiel: ›Mirato‹ (Rosen Tantau 1990) oder ›Bonica‹ (Meilland 1981)

4. Triebe dicht, breit ausladend, teilweise aufrecht bis bogig überhängend, 70–100 cm Blattdecke über der Erdoberfläche, zum Beispiel: ›Rote Max Graf‹ (W. Kordes' S. 1980) oder ›Smarty‹ (Interplant 1977)

5. starkwüchsig, flachniederliegende Triebe mit einer Länge von 1,5–2 m, die bogig wachsen und eine Blattdecke in 50 cm Höhe bilden, zum Beispiel: ›Heidekönigin‹ (W. Kordes' S. 1985) oder ›Heidesommer‹ (W. Kordes' S. 1985)

Rosennamen – Entstehung und Bedeutung

Bei der Benennung der Rosen sind die Namensgebung der
Wildrosen und der Kulturformen zu unterscheiden. Bei den
Wildrosen wird die in der Botanik übliche Nomenklatur in
lateinischer Sprache angewandt. Danach wird zuerst die Gat-
tungsbezeichnung Rosa angeführt, üblicherweise mit R. ab-
gekürzt. Es folgt der Artname, zum Beispiel ›gallica‹ bei den
Essigrosen. Varietäten werden zum Schluß benannt, wobei vor
der Varietät die Abkürzung ›var.‹ erscheint. Es ist außerdem üb-
lich, daß der lateinische Name um den Namen des Botanikers
ergänzt wird, der die jeweilige Rose erstmals wissenschaftlich
beschrieben hat. So hat zum Beispiel der schwedische Botaniker
Carl von Linné (1707–1778) die Rosenart R. gallica zuerst beschrieben. Die Abkürzung seines Namens erscheint hinter dem
Artnamen: R. gallica L. Der aus Zöschen bei Merseburg stammende botanische Sammler Georg Dieck hat erstmals die Galli-
cavarietät ›conditorum‹ botanisch charakterisiert. Deshalb heißt
diese Rose R. gallica L. var. conditorum Dieck.

Bei Artbastarden steht ein x nach der Angabe der Gattung.
Mit der Schreibweise Rosa x wird dokumentiert, daß eine Art
als Kreuzungsprodukt aus zwei verschiedenen Arten entstanden ist. Diese neue Art kann in der Natur durch Insektenbestäubung, etwa bei R. x damascena (= R. gallica x R. phoeni-
cea), oder auch als Kreuzungsprodukt durch Menschenhand, so
bei R. x rugotida (= R. nitida x R. rugosa), entstanden sein.

Viel prosaischer ist dagegen die Namensgebung bei den Kulturformen. Rosennamen sind häufig das Spiegelbild der histori-
schen Entwicklung in den einzelnen Ländern, aus denen die
Rosen kommen. Namen von Kaisern und Königen, Prinzessin-
nen und Prinzen, Bischöfen und Kardinälen, Päpsten und

Staatsmännern sowie von Dichtern, Musikern, Sängern und anderen Persönlichkeiten des öffentlichen Lebens wurden häufig von den Rosenzüchtern gewählt. Bei den Alten Rosen sind Namen aus der Mythologie und Sagenwelt besonders beliebt. Häufig wurden für eine Rosensorte auch unterschiedliche Namen verwendet. So erhielt zum Beispiel die schon vor 1629 kultivierte Albarose ›Maiden's Blush‹ (der Jungfrau Erröten) im Laufe ihrer langen Geschichte die Namen ›La Royale‹, ›La Virginale‹, ›Incarnata‹ und ›Cuisse de Nymphe‹. Aus jüngerer Zeit gibt es die spannende Geschichte über die vier Namen, der bei uns als ›Gloria Dei‹ vertriebenen Rosensorte. Kurz vor Ausbruch des Zweiten Weltkrieges gab der französische Züchter Francis Meilland Pflanzen einer Neuzüchtung nach Italien, in die USA und nach Deutschland. Die Verbindung zwischen den Züchtern riß ab. Erst nach dem Krieg zeigte sich, daß die Rosen in allen drei Ländern erfolgreich waren. Allerdings hatten sie überall unterschiedliche Namen erhalten: in Italien ›Gioia‹ (Freude), in den USA ›Peace‹ (Frieden), in Deutschland ›Gloria Dei‹ (Ruhm Gottes) und in Frankreich, zu Ehren der Mutter des Züchters, ›Mme. A. Meilland‹.

Das Studium der Rosennamen kann zu einem phantastischen Ausflug in die Zeitgeschichte anregen. Schon nach der berühmten griechischen Dichterin Sappho, die 800 v. Chr. in ihren Liedern die Rose als Königin der Blumen besang, ist eine reinweiße Albarose ›Sappho‹ benannt. Die sagenumwobene Geschichte von der ägyptischen Königin Kleopatra, die nach der verlorenen Schlacht bei Aktium 31 v. Chr. ihre Speisesäle eine Elle hoch mit Rosen schmücken ließ und sich dann durch den Biß einer Schlange das Leben nahm, regte einige Züchter dazu an, ihren Sorten den Namen der Königin zu geben.

Der französische Rosenzüchter Eugène Verdier benannte 1869 eine sehr schöne dunkelrote Remontantrose nach dem Ingenieur Ferdinand de Lesseps, der den Bau des Suezkanals leitete und der auch den Bau des Panamakanals in Angriff genommen hatte. Viele Rosen tragen den Namen berühmter Personen aus allen Kulturbereichen, ›Christoph Kolumbus‹, ›Winston Churchill‹, ›Thomas A. Edison‹, ›Picasso‹. Neben diesen berühmten Persönlichkeiten gaben auch Menschen, die durch außergewöhnliche Taten Aufmerksamkeit erregten, den Züchtern Anlaß, sie zu ehren. So erhielt eine zartrosa Teerose den Namen ›Grace Darling‹, nach der Tochter eines englischen Leuchtturmwärters, die mit ihrem Vater am 6. Dezember 1938 neun in Seenot geratene Menschen rettete und später an den Folgen von Unterkühlung starb. Kuriositäten des Rosariums, darunter die ›Grüne Rose‹ und die ›Schwarze Rose‹ sowie ›Curiosity‹, eine Rose mit weiß gestreiften Laubblättern, erhielten ihre Namen nach dem Aussehen und sind besondere Anziehungspunkte für den Besucher.

Wissenswertes über die Rose

Rosen sind Sträucher, bei denen mehrere Triebe nebeneinander aus der Basis wachsen. Die Wuchshöhe der einzelnen Arten schwankt zwischen 1,5 bis zu 4 oder 5 m. Kletternde Formen können bis zu 10 m in Bäume hineinwachsen.

Wildformen vermehren sich durch Samen. Kulturformen werden in der Regel vegetativ vermehrt. Die gebräuchlichste Art der Vermehrung ist die Okulation, einige Rosen werden auch durch Stecklinge oder Steckhölzer vermehrt.

Die sich hartnäckig im Volksmund haltende Auffassung, daß Rosen Dornen haben, ist falsch. Rosen besitzen Stacheln. Dies sind Bildungen der Oberhaut und des Rindengewebes, sie sind nie von Nerven (Gefäßbündeln) durchzogen und lassen sich somit mit leichtem Druck vom Trieb entfernen. Dornen hingegen bestehen aus Oberhaut, Rindengewebe und dem Holzkörper. Sie sind stets von Nerven durchzogene starre, harte und stechendspitze Gebilde.

Rosen besitzen in der Regel unpaarig gefiederte Blätter. Die Anzahl der Fiederblätter schwankt je nach Art zwischen 3 und 17.

Die Blüten der Wildrosen sind gewöhnlich einfach mit 5 Blütenblättern. Einzige Ausnahme ist die Stacheldrahtrose mit vier Blütenblättern. Kulturformen sind häufig stark gefüllt. Als Blütenfarben kommen weiß, gelb, rosa, violettrot oder rot in verschiedenen Abstufungen vor.

Hagebutten sind Scheinfrüchte, die sich aus dem krugartig erweiterten Blütenboden gebildet haben. Dieser umschließt die eigentlichen Früchte, die Nüßchen. Das unterschiedliche Aussehen der Hagebutten bei den einzelnen Rosenarten ist ein wichtiges Kriterium bei der Bestimmung.

Praktische Tips zur Rosenpflanzung und -pflege

Der Rosenkauf

Erfolg und Mißerfolg einer Rosenpflanzung hängen häufig schon vom Rosenkauf ab. Die farbenprächtigen Rosenkataloge verleiten oft zu Fehlgriffen bei der Sortenwahl. Um solche Enttäuschungen zu vermeiden, sollte man sich möglichst zur Sommerzeit in den Schaugärten und auf den Rosenfeldern der Rosen-Baumschulen umsehen und eine Auswahl treffen. Die Bestellung kann man zumeist dort schon aufgeben.

Zu beachten ist, daß es zum einen Firmen gibt, die vorwiegend die heutigen modernen Gartenrosen kultivieren und zum anderen auch Firmen, die speziell alte historische Rosen kultivieren. Möglichst sollte man Rosenpflanzen der Güteklasse A bestellen. Das sind Pflanzen mit mindestens 3 ausgereiften Trieben und gutem Wurzelwerk. Die im Kunststoffbeutel vermarktete Warenhausrose ist für den Rosenfreund mit gehobenen Ansprüchen nicht empfehlenswert. Dagegen sind die in Containern (Kunststofftöpfen) angebotenen Rosenpflanzen zu empfehlen. Die bestellten Rosen werden fachgemäß verpackt zugesandt, man kann auch eine persönliche Abholung vereinbaren.

Die Pflanzzeit

Die Herbstpflanzung, von Oktober bis Anfang Dezember, ist der Frühjahrspflanzung vorzuziehen. Eine Frühjahrspflanzung sollte nur vorgenommen werden, wenn man im Herbst mit der Vorbereitung des Pflanzenbeetes in Verzug geraten ist. Container-Rosenpflanzen können bei guter Durchwurzelung das

ganze Jahr über, ausgenommen natürlich bei Frostwetter, gepflanzt werden.

Die Rosenpflanzen sollten nach Erhalt sofort ausgepackt und gut angefeuchtet werden. Die umgehende Pflanzung an Ort und Stelle ist der Idealfall. Sollte dies nicht gleich möglich sein, müssen die Rosenpflanzen in Erde eingeschlagen und gut angefeuchtet werden. Nichts schädigt eine Rosenpflanze mehr als ausgetrocknete Wurzeln. Bei Frost ankommende Sendungen sind in verpacktem Zustand erst langsam aufzutauen und anschließend ebenfalls in einen frostfreien Einschlag zu bringen.

Der Standort

Alle Rosen lieben die sonnige, offene Lage im Garten, Park oder in sonstigen Grünflächen. Am geeignetsten für die Pflanzung sind tiefgelockerte, mittelschwere, humose Böden. Der Untergrund soll möglichst wasserdurchlässig sein. Stauende Nässe liebt die Rose ebensowenig wie undurchlässige Ton- oder Gesteinsschichten. Zu beachten ist, daß bei der Erneuerung alter Rosenpflanzungen der Boden unbedingt etwa 60 cm tief ausgewechselt werden muß. ›Rosenmüder‹ Boden bringt nur kümmrigen Wuchs hervor.

Die Pflanzung

Die Pflanzung der Rose erfolgt in einen tiefgründig, gut durchgearbeiteten Boden. Sehr empfindlich reagiert die Rose auf frisch eingebrachten Dünger jeglicher Art.

Vor der Pflanzung sollten die Rosenstöcke 2–3 Stunden ins Wasser gelegt werden. Auch das Tauchen der Wurzeln in einen Lehmbrei ist, insbesondere bei trockenem Wetter, vorteilhaft. Bei der Herbstpflanzung werden lediglich die Wurzeln frisch angeschnitten und ein wenig eingekürzt. Der Rückschnitt der Triebe erfolgt erst im Frühjahr. Bei der Frühjahrspflanzung müssen die Triebe auf 3–5 Augen zurückgeschnitten werden. Bei einer größeren Rosenpflanzung ist es besser, wenn die

Arbeit von zwei Personen ausgeführt wird. Einer hebt das Pflanzloch aus, der andere hält die Pflanze in der richtigen Höhe hinein und drückt anschließend die eingefüllte Erde gut an. Die Veredlungsstelle, sie befindet sich am Wurzelhals der Pflanze, soll 2–5 cm unter der Erdoberfläche liegen. Bei trockenem Boden ist ein Angießen jeder einzelnen Pflanze von Vorteil. Danach müssen die Rosen etwa 20 cm hoch mit Erde angehäufelt werden. Auch bei der Frühjahrspflanzung ist solch eine Anhäufelung für die Dauer von 3 Wochen sehr wichtig. Die Abdeckung des Bodens mit Humusstoffen, wie strohigem Mist, Torfmull, Rindenkompost, kann unmittelbar nach der Pflanzung und natürlich auch für ältere Pflanzungen empfohlen werden.

Die Pflanzung und Pflege von Rosenhochstämmen ist etwas aufwendiger. Man sollte sich deshalb vorher von einem Fachmann beraten lassen.

Bei den verschiedenen Rosenklassen muß in jedem Fall der Pflanzabstand beachtet werden:

Buschrosen (Teehybrid- und Floribundarosen) benötigen einen Abstand von 35 bis 40 cm.

Strauchrosen müssen je nach Wuchseigenschaft im Abstand von 1 bis 2,50 m gepflanzt werden.

Kletterrosen sind an der Wand oder an Spalierflächen im Abstand von 3 bis 5 m zu pflanzen.

Für die *Stammrosen* empfiehlt es sich, den Abstand von 1 bis 1,20 m einzuhalten.

Frühjahrsschnitt der Rosen

Der Rosenschnitt

Der Rosenschnitt stellt praktisch eine jährliche Verjüngung der Rosenpflanze dar. Fachleute und Rosenfreunde debattieren immer wieder über den richtigen Schnitt der Rose. Man sollte diese Pflegemaßnahme jedoch nicht so verbissen sehen. Die jährliche Ausgangssituation ist je nach Verlauf von Winter und Frühjahr sehr unterschiedlich.

Der Rosenschnitt wird im Frühjahr, ab Anfang April, mit einer scharfen Rosenschere ausgeführt. Man sollte sich auf keinen Fall von einem zeitigen Austrieb zu einem zu frühzeitigen Schnitt verleiten lassen.

Die Faustregel beim Rosenschnitt lautet:
starker Trieb = schwacher Rückschnitt,
schwacher Trieb = starker Rückschnitt.

Diese Regel bedeutet für die Beetrosen (Teehybrid- und Floribundarosen), daß man bei extrem starken und langen Trieben auf ca. 7 Augen zurückschneidet, bei normalen Trieben auf 5 Augen und bei schwachen Trieben auf 3 Augen. Die Augen zählt man von unten (Anwuchsstelle) nach oben. Die Schnittfläche ist immer leicht schräg vom Auge weg zu führen und sollte 4 mm über einem Auge liegen.

Bei den Strauchrosen sind das abgestorbene Holz und die alten Blütenstände herauszuschneiden. Ältere starke Sträucher kann man alle 2–3 Jahre einem Auslichtungsschnitt, ähnlich wie bei den Ziersträuchern, unterziehen. Bei den Kletterrosen darf der lange Haupttrieb, wenn er gesund ist, nicht eingekürzt werden. Die seitlichen Nebentriebe werden je nach Stärke auf 2–5 Augen eingekürzt. Auch hier ist alle 2–3 Jahre eine Auslichtung zu empfehlen.

In einem sehr harten Winter frieren viele moderne Gartenrosen sehr stark zurück, so daß dann eine natürliche Verjüngung des Rosenholzes eintritt.

Der Pflegeschnitt im Sommer beschränkt sich auf das Ausschneiden der verblühten Rosen. Der Blütenstand (Einzelblüte oder ganze Dolde) wird über dem darunterliegenden ersten oder zweiten Laubblatt abgeschnitten.

Was muß sonst noch bei der Rosenpflege beachtet werden?

Die Rose will immer gut mit Nährstoffen versorgt sein. Ab dem zweiten Standjahr kann man mit der Düngung beginnen. Nach dem Rosenschnitt, im April/Mai, gibt man einen chlorfreien Volldünger. Im Handel wird heute auch ein spezieller Rosendünger mit einer guten Dauerwirkung angeboten. Nach der ersten Blüte, Anfang bis spätestens Ende Juli, kann eine weitere Düngergabe zur Förderung des zweiten Blütentriebes erfolgen. Auf gute Bodenlockerung ist im Verlauf des Sommers zu achten. Zur Förderung einer guten Bodenstruktur kann auch mit Humus-Abdeckmaterialien gearbeitet werden. Diese sogenannte Mulchschicht verhindert zudem den Unkrautwuchs. Selbst mit Rasenschnitt kann unter Strauchrosen gemulcht werden.

Die Rose dringt mit ihren Wurzeln sehr tief in das Erdreich ein und übersteht dadurch kürzere Trockenperioden relativ gut. Man sollte deshalb mit dem Bewässern der Rosen nicht zu zeitig beginnen. Eine durchdringende Bewässerung in größeren Zeitabständen ist für die Rosenpflanze besser als tägliches Begießen. Die meisten Rosen sind auf Wildunterlagen (Rosa canina) veredelt. So kommt es häufig vor, daß im Sommer unter der Veredlungsstelle Wildtriebe herauswachsen. Diese Triebe, die meistens auch an der hellgrünen Farbe zu erkennen sind, müssen am Wurzelstock entfernt werden. Beachtet man dies nicht, so wird die echte Rose bald zugrunde gerichtet.

Rosen können von zahlreichen Schädlingen und Krankheiten befallen werden. Diese können hier nicht alle einzeln behandelt und erläutert werden. Die tierischen Schädlinge sollte man nicht allzu ernst nehmen. Erst wenn Massenbefall, zum Beispiel von Blattläusen und Rosenzikaden, auftritt, sollte zu chemischen oder biologischen Präparaten gegriffen werden.

Die Pilzerkrankungen der Rose, wie Echter Mehltau und Sternrußtau, treten ab Ende Juni auf und sind schon wesentlich bedenklicher. Hier sollte man sich vom Fachmann über vorbeugende Maßnahmen und Präparate beraten lassen. Ab Mitte November muß der Winterschutz der Rosen vorbereitet werden. Alle modernen öfterblühenden Rosen sollen bis 20 cm hoch mit Erde angehäufelt werden. Eine Abdeckung mit Tannengrün ist für besonders rauhe Frosttage oder auch sehr empfindliche Rosensorten ratsam. Besten Winterschutz für die Stammrosen bietet das Niederlegen der Stämme und Bedecken der Kronen mit Erde. Bei Beachtung dieser Maßnahmen wird Ihnen Ihre Rosenpflanzung viel Freude bereiten.

Das Arbeitsjahr des Rosenfreundes	Monate											
	J	F	M	A	M	J	J	A	S	O	N	D
Rosenkauf: a) wurzelnackte Pflanzen			X	X						X	X	
b) Containerpflanzen				X	X	X	X	X	X	X	X	
Pflanzenvorbereitung (nur bei wurzelnackten Pflanzen):			X	X						X	X	
– nach dem Kauf gründlich wässern												
– Pflanzschnitt (Triebe und Wurzeln leicht einkürzen)												
Rosenpflanzung: a) wurzelnackte Pflanzen			X	X						X	X	
b) Containerpflanzen				X	X	X	X	X	X	X	X	
– Pflanzloch ausheben: 40 x 40 cm												
– Pflanzabstand: Angaben der Baumschule beachten												
– Veredlungsstelle unter der Erdoberfläche: bei schweren Böden 2–3 cm, bei leichten Böden bis 5 cm												
Bodenlockerung (hacken, grubbern)			X	X	X	X	X	X	X	X		
Tiefenlockerung mit der Rosengabel		X	X							X	X	X
Düngung: a) chlorfreier Rosendünger				X		X						
b) Phosphor-, Kalidünger (Herbstdüngung)									X	X		
Rosenschnitt:												
– Frühjahr: bei allen Klassen schwache Triebe und trockenes Holz entfernen, je nach Wuchsform einkürzen, Achtung: Einmalblüher nicht einkürzen!			X	X								
– Sommer: verblühte Rosen über dem ersten, gut ausgebildeten Blatt abschneiden, Wildtriebe entfernen							X	X	X	X		
Bekämpfung von Krankheiten:												
– tierische Schädlinge bei starkem Befall mit Insektiziden						X	X	X	X			
– Pilzkrankheiten nach dem Austrieb mit zugelassenen Fungiziden im Abstand von 10–14 Tagen						X	X	X	X			
Winterschutz für rauhe Lagen etwa 20 cm über der Veredlung anhäufeln, mit Erde oder Humusmaterial Pflanzen eventuell schattieren											X	
Abhäufeln und Schattierung entfernen			X	X								
Bodenverbesserung: verrotteter Stalldung kann eingearbeitet werden, nur hitzebehandelten und aufgedüngten Rindenmulch verwenden	X	X									X	X

◁ Winter im Rosarium

Wie entsteht eine neue Rosensorte?

Rosen- und Gartenfreunde berichten oft, daß sie selbst Rosen
›züchten‹. In Wirklichkeit kultivieren oder vermehren sie meist
verschiedene Rosen in ihren Gärten und verwenden dafür die
falsche Bezeichnung.

Rosenzüchtung ist das Hervorbringen neuer Sorten. Die Voraussetzung dafür ist die Veränderung der Erbanlagen. Am häufigsten wird dieses Ziel durch Kreuzung verschiedener Elternsorten erreicht. Züchtung in großem Umfang wird heute nur
von wenigen großen Rosenfirmen durchgeführt, denn die modernen Züchtungsmethoden sind sehr kostenintensiv. Hier soll
nur die Technik, wie sie schon von den Rosenzüchtern des vorigen Jahrhunderts angewandt wurde, erläutert werden.

Am Beginn der Züchtung steht, im Hinblick auf das Zucht-
ziel, die Auswahl der Elternsorten. Der erfahrene Züchter weiß,
welche Sorten bestimmte Eigenschaften besonders gut (domi-
nant) vererben. Als Zuchtziele werden zum Beispiel ein typi-
scher Sortencharakter, die Reichblütigkeit, ein Dauerblühen
vom Frühsommer bis zum Herbst und vor allem die Wider-
standsfähigkeit gegen Krankheiten erstrebt. Als Muttersorte
(Samenträgerin) sollte eine Sorte mit reichlichem Samenansatz
gewählt werden, denn die Bildung von Hagebutten wird nur
wenig durch den Pollen der Vatersorte beeinflußt. Der Züchter
kreuzt nun die passenden Sorten miteinander. In der Regel sind
nur sehr wenige Sämlinge ›besser‹ als ihre Eltern. Schon im Saat-
beet beginnen die Auslesearbeiten. Von Tausenden von Sämlingen verbleibt nur eine äußerst geringe Anzahl, die den Ansprüchen des Züchters genügt. Von einem selektierten Sämling
bis zur Einführung einer Sorte als Neuheit in den Handel ist es
dann noch ein langer, kostspieliger Weg, denn es müssen genü-
gend Pflanzen zum Verkauf produziert werden (die Vermeh-

rung erfolgt vegetativ), für den Verkauf dieser Sorte muß eine entsprechende Werbung erfolgen, ebenso entstehen Kosten für den Sortenschutz, der in Deutschland beim Bundessortenamt beantragt wird. Dieser wird gewährt, wenn die angemeldete Sorte sich von den schon vorhandenen Sorten unterscheidet. Der Nachbau dieser geschützten Sorte ist dann nur über Lizenzverträge mit dem Züchter möglich.

Arbeitsgänge des Rosenzüchters

1. Auswahl der Elternsorten
Zeit: Gesamte Vegetationszeit
Kriterien: Beachtung der Vererbungseigenschaften (Blütenfarbe, Duft, Wuchs, Laub, Krankheitsresistenz, Klasseneigenschaften);
Muttersorte ist die Samenträgerin; Vatersorte ist der Pollenlieferant.

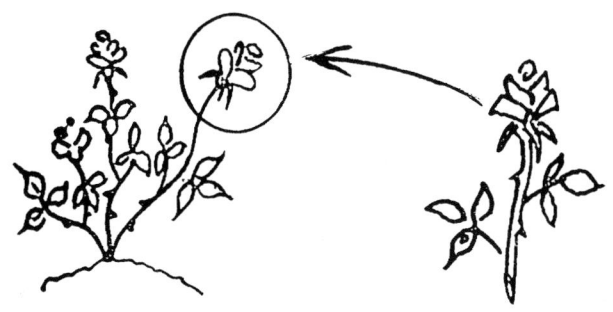

2. Technik des Kreuzens
Zeit: Vor dem 15. Juli, da der Samen sonst nicht ausreift.
Ablauf: 1. Pollen (Blütenstaub) der Vaterpflanze sammeln, im trockenen Glasschälchen 1–2 Tage vor der Verwendung aufbewahren;

2. Kastrieren der Mutterblüte (vor dem Aufblühen Blütenblätter und Staubgefäße entfernen, Narbe verbleibt);
3. Schutz der weiblichen Narbe vor Fremdbestäubung (Insekten) mit einem Stanioltütchen 1 Tag vor der Bestäubung und 5 Tage danach;
4. Bestäubung der weiblichen Narbe mit dem Pollen der Vaterpflanze (weicher Haarpinsel), wenn die Narbe klebrig aussieht. Der Pollen keimt und wächst durch den Griffel bis zur Eianlage, dort vollzieht sich die eigentliche Befruchtung. Die befruchtete Blume soll in trockener Luft reifen; in etwa 20 Wochen entwickelt sich die Hagebutte.

3. Sammeln der Hagebutten und Lagern der Samen

Zeit: Ab Mitte November

Ablauf: 1. Sammeln der Hagebutten und Gewinnung der Samen aus diesen.

2. Die Samen werden in einem Gemisch aus Sand und Torf im Verhältnis 3:1 unter Zusatz von Pilzschutzmittel in einem Plastiktütchen bei 3–5 °C im Kühlschrank aufbewahrt.

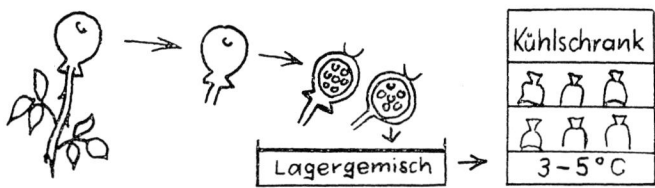

4. Aussaat der Samen

Zeit: Ab Mitte Dezember

Ablauf: Die Aussaat erfolgt in Saatkästen, deren untere Lage aus etwa 2 cm grobem Kies besteht. Darüber befindet sich ein Erdgemisch aus Torf und lehmigem Sand im Verhältnis 1:1 in einer Tiefe von 5–10 mm; etwa 7–8 Wochen werden die Aussaaten kühl und dunkel gehalten (4–6 °C). Ab Mitte Februar wird die Temperatur auf 12–15 °C erhöht, und die Saatkästen werden hell gestellt. Etwa Anfang April keimen dann die ersten Sämlinge.

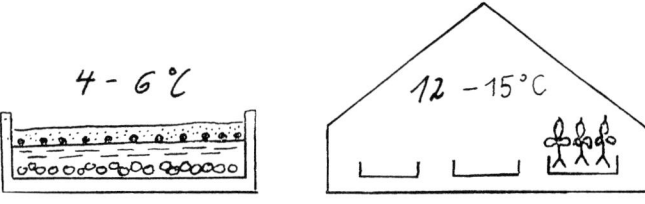

5. Auswahl der geeigneten Formen

Zeitlicher Ablauf:

April: Erstes Tropfen der besten Sämlinge in kleine Töpfe (lockeres Erde-Torf-Sand-Gemisch; die Sämlinge werden 3mal, jeweils nach der Blüte, in größere Töpfe umgetopft).

Mai: Nach der ersten Blüte schwache und kranke Sämlinge entfernen; zweites Topfen der Sämlinge.

Juni–Juli: Nach der zweiten Blüte strengere Auswahl; drittes Topfen der Sämlinge.

Ende Juli bis Anfang August erfolgt die Weitervermehrung der geeigneten Sämlinge durch Okulation im Freiland.

In den Folgejahren werden die Rosen auf Krankheitsresistenz geprüft. Aus ca. 3000 Sämlingen entstehen 1–2 Sorten.

Vermehrung der Rosen

An dieser Stelle soll nur die Okulation, die gebräuchlichste Art der Rosenvermehrung, dargestellt werden, und zwar für niedrige Rosen und Kletterrosen.

Zeit	Arbeitsgang	Ausführung	Material
1. Jahr			
März	Anpflanzung der Wildlingsunterlagen; Pflanzabstände 20 x 80 cm, anschließend Erde anhäufeln	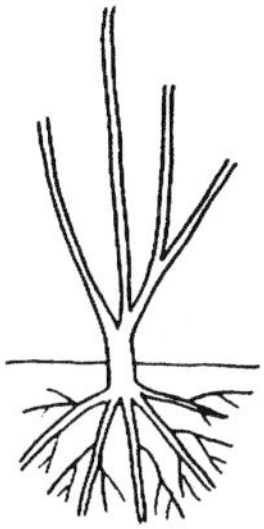	Beste Wildlingsunterlagen: Edel Canina-Auslese, Wurzelhals: Ø 6–8 mm
Juni–August	Schneiden der Edelreiser; Lösen des Rindenschildchens mit dem Edelauge von unten nach oben; der verbleibende Holzsplint wird vorsichtig gelöst.	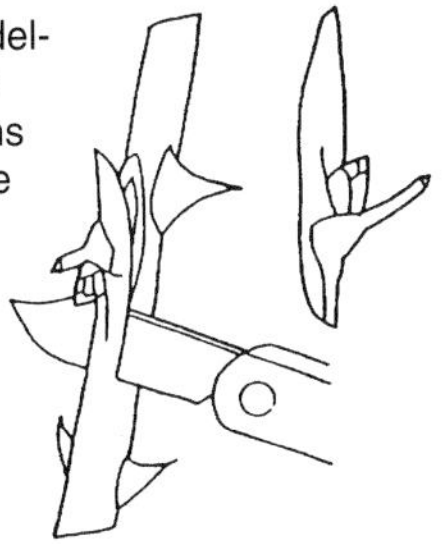	Als Reiser dienen 1jährige, gut ausgereifte Triebe der gewünschten Sorte. Gartenschere, Okuliermesser

Zeit	Arbeitsgang	Ausführung	Material

Juni–
August

Wildlingsunter-
lagen abhäufeln
und Wurzelhals
säubern.
Am Wurzelhals
wird ein T-förmiger
Einschnitt vorge-
nommen.
Mit dem Löser
des Okulier-
messers
werden die
Rindenflügel
vorsichtig vom
Holz gelöst.

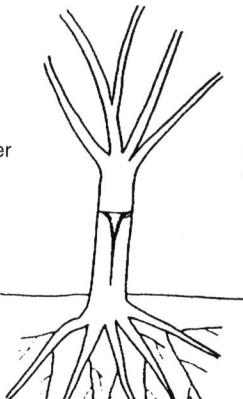

Feuchtes Tuch,
Okuliermesser

Das Edelauge
wird unter die
Rinde geschoben
und die Rinde
angedrückt.
Anschließend
wird die Ver-
edlungsstelle
mit Okulier-
schnellverschluß
oder Bast
verbunden.
Die Veredlungs-
stelle wird – vor
allem als Winter-
schutz – mit
Erde bedeckt.

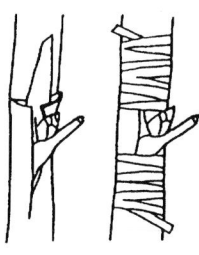

Okulierschnell-
verschluß
oder Bast

Zeit	Arbeitsgang	Ausführung	Material

2. Jahr

| März | Abhäufeln der Wildlings- unterlagen; Abwerfen der Wildlinge; Unterlage im waagerechten Schnitt des ›T‹ abschneiden. | 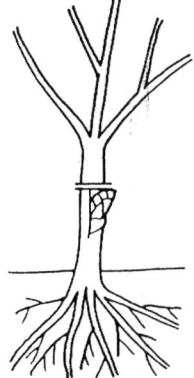 | Hacke, Gartenschere |

| Ab Mai regel- mäßig | Pinzieren der Veredlung: wenn die Ver- edlung 30–40 cm hoch ist, wird sie bis auf 2–3 Blätter zurückgeschnitten, damit die Pflanzen gut verzweigen. Gleichzeitig werden alle Wild- triebe entfernt. Ab Mitte Oktober müssen die Pflan- zen gerodet und an eine andere Stelle verpflanzt werden. |  | Gartenschere, Messer |

Die Gehölzsammlung des Rosariums

Neben der einmaligen Sammlung von Garten- und Wildrosen beherbergt das Rosarium auch eine große Anzahl seltener Bäume und Sträucher. Sie wurden bereits zur Gründung und zu den später erfolgten Erweiterungen des Geländes von verschiedenen deutschen Baumschulen gestiftet. Im Verlauf von über 90 Jahren entwickelten sich viele Arten zu prachtvollen Exemplaren, die heute den grünen Rahmen für die Rosenpflanzungen bilden. Austrieb, Blüten, Färbung und Früchte der Laub- und Nadelgehölze bilden im Frühjahr und Herbst einen besonderen Anziehungspunkt für den Besucher.

Im Bereich des Haupteingangs wachsen verschiedene schöne Nadelbaumarten: *Libanon-Zeder, Österreichische Schwarzkiefer, Weymouthskiefer, Lärche, Omorikafichte, Goldeibe,* verschiedene *Wacholder, Lebensbäume* und *Scheinzypressen* stehen hier in einträchtiger Gemeinschaft. Im daran angrenzenden Gartenteil der ›Kleinen Wiese‹ stehen eine prachtvolle *Orientalische Buche,* der selten gewordene *Speierling,* die buschförmig wachsende *Kleinblütige Kastanie* und ein großer *Silberahorn.* In diesem Parkbereich ist auch der erst 1947 im mittleren China wiederentdeckte *Urweltmammutbaum,* auch *Chinesisches Rotholz* genannt, zu finden. Die bis dahin nur durch fossiles Material bekannte Art gehört zu den Nadelbäumen und wirft ihre weichen Nadeln zum Winter hin ab. Im Rosarium steht dieser interessante Baum seit 1960.

Hinter der Skulptur ›Diana‹ wächst in Gemeinschaft mit einer *Blutbuche, Zaubernuß* und einem *Trompetenbaum* ein prachtvoller *Ginkgobaum.* Der *Ginkgo,* auch *Silberaprikose* genannt, gilt als ältestes ›lebendes Fossil‹ der Pflanzenwelt. Die Gattung Ginkgo hatte ihre Blüte vor 200–100 Millionen Jahren vom Jura

Habitus der Kleinblütigen Kastanie (Aesculus parviflora)

bis zum Tertiär mit wahrscheinlich über 15 Gattungen und etwa 80 Arten. Das Verbreitungsgebiet erstreckte sich über die gesamte nördliche Hemisphäre der Erde. Die etwa 2000 Jahre alt werdenden Bäume stellen einen Übergang von den Nadelhölzern zu den Laubbäumen dar. Der in Südostasien oft als Tempelbaum gepflanzte Ginkgobaum gelangte um 1730 nach Europa und 1761 nach Deutschland.

Auf dem weiteren Weg zum ›Alpinum‹ kommt man an einem wunderschönen Exemplar der aus Japan stammenden *Zelkowe* vorbei. Auch eine *Geschlitztblättrige Linde, Elsbeere,* mehrere *Eiben* und *Douglasfichten* säumen den Weg.

Das ›Alpinum‹, ein von Ewald Gnau um 1920 künstlich angelegter Hügel, bildet die höchste Erhebung des Rosariums. Von seiner Aussichtsplattform hat man einen hervorragenden Blick auf den Rosenpark und die gegenüberliegenden Ausläufer des Südharzes mit dem steil emporragenden Abraumkegel des ehe-

Blütenstand
des Trompeten-
baums (Catalpa
bignonioides)

maligen Kupferschieferbergbaus. Die reizvolle Anlage ist mit *Bergkiefern, Zwergfichten, Säulenwacholdern, Wildrosen* und zahlreichen *Felsenstauden* bepflanzt. Neben dem großen Findling mit der Plakette zum Gedenken an Ewald Gnau steht ein *Lederhülsenbaum (Gleditschie)*. Die einfachen und dreiteiligen langen Dornen gaben ihm auch den Namen *Christusdorn*.

Unterhalb des ›Alpinums‹, in Richtung der Sandsteinfigur der ›Knienden‹, fällt ein aus China stammender immergrüner Strauch, der *Runzelblättrige Schneeball*, besonders auf.

Am Hauptweg, Richtung Schaugarten und Freilichtbühne, direkt neben der ›Schwarzen Rose‹, steht ein *Perückenstrauch* (Farbabb. 53), etwas weiter sieht man dann den imposanten Habitus der *Kaukasischen Flügelnuß*. Dieser baumartige Strauch mit großen gefiederten Blättern entwickelt aus sehr unscheinbaren Blüten geflügelte Früchte, die an 30 bis 40 cm langen Spindeln herabhängen.

Beim weiteren Rundgang durch das Rosarium kann man noch viele schöne Sträucher und Bäume entdecken. Die insgesamt über 350 verschiedenen Arten sind in der Broschüre ›Die Bäume und Sträucher im Rosarium Sangerhausen‹ beschrieben. Sie ist als kleiner dendrologischer Führer durch die ›Grüne Welt‹ des Rosariums zu empfehlen.

Eine besondere Pflanze, die direkt am Seerosenteich in der Nähe des Konzertplatzes steht und die im Volksmund als ›Riesenrhabarber‹ bezeichnet wird, sei noch kurz erwähnt. Ihr richtiger Name lautet *Gunnera manicata*, sie stammt aus Südamerika und gehört zu den Meerbeerengewächsen. Aus großen Knospen des Erdstammes treiben im Frühjahr die Blätter. Der dornige Blattstiel ist bis zu 2 m lang. Das Blatt kann einen Durchmesser bis zu 3 m erreichen. Voraussetzung für die Entwicklung einer solchen prachtvollen Staude ist ein feuchter, humus- und nährstoffreicher Boden. Die Überwinterung des Erdstammes muß frostfrei erfolgen.

Stammstück des Lederhülsenbaums
(Gleditsia triacanthus)

Rosar-Kurzinformation

Gründungsjahr:	1903
Gesamtfläche:	15 ha einschließlich der Erweiterungs-flächen und Gärtnerei
Rosenarten und -sorten:	über 6500
Rosenklassen:	über 40
Gehölzarten:	über 300
Ø Jahresniederschlag:	508 mm
Ø Jahrestemperatur:	8,2 °C
Boden:	sandiger bis schwerer Lehm Untergrund: Ton- und Letten-schichten
Jährliche Besucher:	bis 120 000
Berg- und Rosenfest:	letztes Wochenende im Juni
Wildrosenblüte:	ab Ende Mai bis Mitte Juni
Hauptrosenblüte:	Mitte Juni bis Mitte Juli
Nachblüte der Dauer-blüher:	ab August bis Herbst
Ausstellungen:	jährlich ›Rosengalerie‹ jedes 2. Jahr ›Schnittrosenschau‹ jedes 3. Jahr ›Skulpturen im Rosen-garten‹
Info- und Lesepavillon:	Souvenirangebot, Fachliteratur zur Einsichtnahme
Museum:	Geschichte des Europa-Rosariums in Wort und Bild
Gärtnerei:	1 ha, Pflanzenanzucht nur für den Eigenbedarf
Wirtschaftlicher Träger:	Stadtverwaltung Sangerhausen

Touristische Rosar-Information

Öffnungszeiten:	1. Mai bis 15. Oktober täglich von 8 bis 19 Uhr; in den Monaten Juni bis Ende August ist abends bis 20 Uhr geöffnet.
Anfahrt:	Die Rosenstadt liegt im Bundesland Sachsen-Anhalt zwischen den östlichen Ausläufern des Südharzes und des Kyffhäusergebirges. Sangerhausen ist mit direkter Bahnlinie Kassel-Halle oder Erfurt-Magdeburg zu erreichen. Mit dem PKW gelangt man über die Bundesstraßen 80 und 86 zum Rosarium.
Führungen:	Dauer 1,5–2 Std., in Gruppen bis zu 50 Personen, Voranmeldung bei der Verwaltung des Europa-Rosariums.
Übernachtungen, Gastronomie und Stadtführungen:	Information und Vermittlung durch *Sangerhäuser Fremdenverkehrsverein e.V.* Schützenplatz, Postfach 55 06512 Sangerhausen Telefon (0 34 64) 61 33 30 Fax (0 34 64) 61 33 29
Sehenswürdigkeiten in Sangerhausen:	Spengler-Museum, historische Altstadt Basilika St. Ulrici (12. Jahrhundert), Straße der Romanik

Wildrosenlehrpfad
»Helmstal«:   ca. 3 km vom Rosarium in Richtung
                             Wettelrode, ca. 20 ha großes, unter
                             Naturschutz stehendes Wildrosen-
                             gebiet

Ausflugsempfeh-
lungen: Kyffhäuser-Denkmal, Königspfalz
                             Tilleda (Freilichtmuseum), Burg und
                             Schloßmuseum Allstedt, Bergbau-
                             museum Wettelrode mit Schauberg-
                             werk und Bergbaulehrpfad, Moltke-
                             warte auf dem ›Hohen Berge‹,
                             Stausee Kelbra, Schauhöhle ›Heim-
                             kehle‹ bei Uftrungen, ›Josephskreuz‹
                             auf dem ›Großen Auerberg‹ und die
                             ›Historische Europastadt‹ Stolberg

Verwaltung
Europa-Rosarium: Steinberger Weg 3
                             06526 Sangerhausen
                             Telefon (0 34 64) 57 25 22
                             Fax   (0 34 64) 57 87 39

Literatur

Bünemann, O./Becker, J.: Rosen. Die schönsten Rosen für große und kleine Gärten, München 1993

Göritz, H.: Laub- und Nadelgehölze für Garten und Landschaft, Potsdam 1974

Jakob, A./Grimm, H. und W./Müller, B.: Alte Rosen und Wildrosen, Stuttgart 1990

Krüssmann, G.: Rosen, Rosen, Rosen, Berlin/Hamburg 1986

Lang, I.: Rosen-Büchlein, Leipzig 1990

Lang, I./Täckelburg, P./Brumme, H.: Rosarium Sangerhausen, in: Rosenjahrbuch 1990, hrsg. v. Verein Deutscher Rosenfreunde (VDR), Baden-Baden 1990

Noack, H.: Wild- und Parkrosen, Melsungen 1989

Rosarium Sangerhausen (Hrsg.): Rosenverzeichnis Sangerhausen, Sangerhausen (4. Aufl.) 1988

Rosarium Sangerhausen (Hrsg.): Rosarium Sangerhausen. Der Welt bedeutendster Rosengarten, Artern (8. Aufl.) 1990

Rosarium Sangerhausen (Hrsg.): 90 Jahre Rosarium Sangerhausen 1903–1993 (Jubiläumsschrift), Kissing 1993

Täckelburg, P.: Die Bäume und Sträucher im Rosarium Sangerhausen, Artern 1982

Thomas, S.: Rose Book, London 1990

Woessner, D.: Gartenrosen, Stuttgart 1978

Woessner, D.: Rosen für jeden Garten, Stuttgart 1988

Zander, R. (Hrsg.): Zander's großes Gartenlexikon, Berlin 1934

Bildnachweis

Archiv Europa-Rosarium Sangerhausen   Frontispiz; S. 10, 11, 12/13, 14, 15, 16, 17, 18, 19, 20, 22, 23, 24, 27, 28/29, 30, 31, 32, 34, 36, 37, 38, 39, 40, 41, 42, 43, 47, 48, 81, 105, 119, 120, 121; Illustrationen S. 111–117; Farbabb. 8, 22, 32, 37

W. Kordes' Söhne   Farbabb. 40

Ingomar Lang, Sangerhausen   S. 108; Farbabb. 1, 2, 3, 18, 27, 35, 41, 43, 48, 52, 53; Umschlagvorderseite

Sigrid Schütze-Rodemann, Halle   S. 26; Farbabb. 4–7, 9–17, 19, 20, 21, 23–26, 28–31, 33, 34, 36, 38, 39, 42, 44–47, 49–51; Umschlagrückseite

Karte S. 84/85   DuMont Buchverlag, Köln

Sachregister

Zu den Autoren

Ingomar Lang, Dipl.-Gartenbauingenieur, Studium der Garten- und Land-
schaftsarchitektur, 1959–1976 stellvertretender Gartenbaudirektor der
Stadt Forst/Lausitz im ›Ostdeutschen Rosengarten‹, seit 1976 Direktor des
Europa-Rosariums Sangerhausen. Er verfaßte die Kapitel ›Gründung und
Entwicklung des Rosariums‹, ›Zeittafel zur Geschichte des Rosariums‹,
›Die wiederentdeckte Kaiserin‹, ›Praktische Tips zur Rosenpflanzung und
-pflege‹, ›Die Gehölzsammlung des Rosariums‹.
Hella Brumme, Dipl.-Gartenbauingenieurin, Studium der Garten- und Land-
schaftsarchitektur. Seit 1972 im Rosarium tätig, übernahm sie 1981 die Ver-
antwortung für die Erhaltung des Rosensortiments. Sie verfaßte die Kapitel
›Das Rosensortiment in Sangerhausen‹, ›Die Vielzahl der Rosen und ihre
Besonderheiten‹, ›Wissenswertes über die Rose‹, ›Das Arbeitsjahr des Rosen-
freundes‹, ›Wie entsteht eine neue Rosensorte?‹.